JN426892

전쟁범죄 · 일본군'위안부' 피해실태 자료집
중국 침략 일본전범 자필진술서(2)

일제침탈사
자료총서 93

전쟁범죄·일본군'위안부' 피해실태 자료집

—중국 침략 일본전범 자필진술서(2)

동북아역사재단 편

동북아역사재단
NORTHEAST ASIAN HISTORY FOUNDATION

| 발간사

일본제국주의의 식민 침탈에서 벗어난 지 76년이 되었지만, 그 역사가 아직도 한일 관계에서 큰 걸림돌로 작용하고 있다. 21세기에 들어 일본 정부의 독도 영유권 주장은 점차 도를 더해 가고 있으며, 최근에는 일제의 강제동원 문제와 한국 대법원 판결, 일본군'위안부' 문제 해결 방안 등으로 갈등이 불거졌다. 급기야 그 불이 무역 분쟁, 안보 문제까지 옮겨붙었다.

한일 간의 역사 문제는 우선, '식민지배'라는 역사를 어떻게 볼 것인가라는 역사인식에서 기인한다. 우리는 언제나 오늘날의 입장에서 과거의 역사를 바라보고, 다시 미래로 나아간다. 과거 침략의 역사를 미화하면서 평화로운 미래를 얘기하는 것은 불가능하다. 식민지배로 인한 잘못을 인정하고 반성하지 않으면 다시 전쟁이 일어날 위험성이 있고, 인권을 존중하지 않는 군국주의 부활을 획책할 수도 있다. 따라서 역사를 보는 미래지향적 인식이 필요하다. 그리고 이 인식을 한일 양국이 공유해야 할 것이다.

다음으로 지금의 한일 역사 문제는 '과거'의 '사실'이 명확하게 규명되지 않은 것에서 연유한 점이 있다. 해방된 이후 일제강점기에 대한 개인적인 연구는 다수 이루어졌으나, 학계나 정부 차원에서 식민지배의 실상을 체계적으로 연구 정리하고, 관계되는 자료집을 모아 정리하는 일은 하지 못하였다. 지금까지 항일독립운동사에 대한 연구와 자료집은 많이 출간되었지만 일제의 '통치'와 '침탈' 그리고 '피해'를 종합하여 편찬하지 못한 것이다.

또한 일제 식민 침탈의 실상을 국민에게 알리고 교육하는 것도 체계적이지 않았다. 초등학교에서 고등학교에 이르는 학교의 역사교육은 나름대로 성과가 있었지만, 일반 시민교육에는 사실 무관심하였다. 몇 해 전부터는 일제의 한반도 강점과 식민지배로 인한 피해를 부정하는 인식 아래 일제강점기에 한반도가 근대화되었고, 수탈이나 강제동원은 꾸며진 이야기라고 주장하는 책이 시중에 나오기도 하였다. 역사인식이 명확하지 않았던 일부 국민들이 여기에 호기심을 가졌고, 심지어 이에 찬동하는 사태도 일어났다. 이런 책에서 부정한 것은 일제 침탈의 역사뿐만 아니라 항일독립운동의 역사, 나아가 우리 민족사 전체이다.

우리 학계는 일찍부터 일제 침탈의 역사를 체계적·객관적으로 정리해야 한다는 점을 잘 알고 있었지만, 차일피일 미루다가 너무 많은 시간이 흐르게 되었다. 이에 더 늦기 전에 우리 재단이 중심이 되어 한국 학계의 힘을 모아 일제침탈사 연구를 집대성하고 관련된 자료를 수집하여 체계적으로 정리하는 한편, 일제 침탈의 실상을 바로 알리기 위한 일반 시민 대상의 교양서 발간을 기획하게 되었다. 2020년부터 사업을 시작하였고, 앞으로 몇 년에 걸쳐 이를 수행할 예정이다. 일제침탈사 편찬사업은 크게 세 부분으로 나누어 첫째 일제 침탈의 전모를 학문적으로 정리한 연구총서(50권), 둘째 문호개방 이후 일제강점기에 이르는 기간의 일제침탈사 자료총서(100여 권), 그리고 셋째 일반 국민이 일제 침탈을 올바르게 알 수 있는 주제를 쉽게 풀어쓴 교양총서(70여 권)로 구성하고자 한다.

그동안 일제의 침탈상을 밝히려는 연구가 없었던 것은 아니다. 관련 자료집도 여러 방면에서 편찬되었다. 그러나 모든 분야를 망라하여 학계의 연구 성과를 종합하고 관련 자료를 편찬하는 일은 이번이 처음이다. 무엇보다 일반 시민들이 과거 제국주의시대 우리가 겪었던 침략과 수탈의 역사를 또렷하게 직시할 수 있게 하는 종합 자료집은 드물었다. 따라서 정치·경제·사회·문화 등 모든 방면에 걸쳐 침탈의 역사를 알기 쉽게 기록하고 그에 대응한 자료를 모아 번역함으로써 시민들에게 일제 식민지배의 실체와 침탈의 실상을 전하고자 한다.

이런 계획 아래에서, 동북아역사재단은 2020년 중국 중앙당안관이 2015년과 2017년에 출간한 『중앙당안관 소장 중국 침략 일본전범의 자필진술서 선편(中央檔案館藏 日本侵華戰犯筆供選編)』 중 일본군'위안부' 관련 중요 내용이 포함된 일본전범들의 자필진술서 5건을 번역하여 출간하였다(『전쟁범죄·일본군'위안부' 피해실태 자료집-중국 침략 일본전범 자필진술서』). 이 자료집은 그 후속작업으로 일본군'위안부' 관련 유의미한 진술을 하고 있는 전범 4명의 자필진술서를 번역한 것이다. 이 책에 실린 전범 4명의 진술서는 일본군이 전쟁터에서 폭력적으로 여성들을 납치하고 민간의 가옥을 몰수하여 군대의 위안소를 만든 사실에 대하여 말하고 있다. 또한 일본군이 여성의 성을 전쟁 수행을 위한 중요한 도구로 삼아 한국, 중국, 일본 등의 많은 여성들에게 심각한 침해를 가하였다는 사실을 드러내었다. 이 자료집이 일본군'위안부'의 실체를 규명하여 일본군'위안부' 문제 해결에 기여하기를 기대한다.

2021년 10월

동북아역사재단

이사장

| 차례

해제

이선이(경희대학교 인문학연구원)

전후 중국의 일본군 전범과 전범관리소

제2차 세계대전이 종료한 후 중국의 산시(山西)성 타이위안(太原) 전범관리소와 랴오닝(遼寧)성 푸순(撫順) 전범관리소에 각각 100여 명과 969명의 일본군 전범이 구류되어 있었다. 두 곳의 전범을 합계하면 1천 190명이었다. 중국 정부는 전범관리소에 수감되어 있던 1천 190명 중 842명의 자필진술서를 2015년과 2017년에 『중앙당안관 소장 중국 침략 일본전범의 자필진술서 선편(中央檔案館藏 日本侵華戰犯筆供選編)』(이하 『선편』으로 약칭)으로 묶어 출간하였다. 『선편』은 일본전범 자필진술서의 중문 요약, 영문 요약, 중국어 번역문, 일본어 원문 순으로 게재되어 있다. 이 자료집은 일본어 원문을 토대로 중국어 번역문을 참고하면서 번역하였다.

타이위안 전범관리소에는 최대 140명의 일본인 전범이 수용되어 있었는데, 전쟁이 끝난 후 중국 산시성 옌시산(閻錫山) 부대에 잔류하고 있던 일본군 포로들이었다. 타이위안 전범관리소에 수용된 140명의 전범은 1951년 4월경 허베이(河北)성 공산당군 융넨(永年)군사훈련단에 수용되었던 전사(前史)가 있다. 그 단계에서 범죄 행위에 대한 고백을 요구받았으며 그 중 죄가 무겁고 반성에 문제가 있다고 판단된 자가 타이위안 전범관리소로 옮겨졌다. 타이위안 전범관리소는 원래 일본 육군 감옥이었다. 감옥은 독방이거나 수 명에서 10명 정도가 수용되었는데 상당히 비좁고 겨울에는 추워서 고통스러웠다는 회상도 있다. 다른 방과의 교류도 거의 없었으며 방안에서도 자유롭게 이야기하는 분위기가 아니어서 고독한 날들을 보냈다. 그리고 입소 직후부터 모든 범죄 행위를 새롭게 적을 것을 요구받았다. 푸순 전범관리소는 처음부터 당 중앙의 지시 아래 전범관리가 이루어져 인간적이고 정서적인 교류가 있었다. 반면 타이위안 전범관리소는 1954년 초엽까지 중앙에서는 큰 틀의 방침만 지시했으며 구체적인 사항에 대해서는 산시성이 독자적으로 전범관리를 했기 때문에 상대적으로 열악했던 것으로 보인다.[1]

푸순 전범관리소에는 종전 후 소련에 억류되어 있던 일본군 포로들 중 일부가 중국으로 이송, 수감되어 있었다. 일본 패전 후 일본군의 항복 수용과 무장해제는 국민정부의 관할이었으나, 중국 동북부 지역과 북조선 지역은 소련의 관할이었다. 1949년 10월 중화인민공화국 건국 이후 소련은 체포한 전범 그룹 중 일부를 중국 정부에 인도하였는데, 1950년 7월 18일 시베리아에서 억류하고 있던 약 60만 명 중 969명이었다. 전범들은 만주국 행정사법 관계 28명, 만주국 군 관계 25명, 경찰 관계 119명, 철로경호군 관계 48명, 관동주청(關東州廳) 관계 외 33명, 관동헌병대 관계 103명, 관동군 예하부대 579명이었다. 만주국과 관동군 관계자 절반 이상이 관동군 예하부대 소속 군인이었다. 1945년 북지나방면군에서 관동군으로 막 전속한 군인과 제59사단(257명), 제39사단(198명), 제117사단(31명), 제63사단(22명) 등이었다.[2] 소련 정부에게 넘겨받은 포로들은 푸순 전범관리소에 수용되었다. 푸순 전범관리소는 원래 랴오동(遼東) 제3감옥으로 랴오닝(遼寧)성 푸순에 있었다. 1950년 6월 전범감옥으로 개조되었다. 1950년 7월 소련에서 넘겨받은 969명과 중국 내에서 체포된 전범 중 관동군 731부대 관계자 4명 등이 수감되었다. 그중에는 중국의 마지막 황제 푸이가 있었다. 이 자료집에 나오는 와타나베 마사오(渡邊雅夫)는 북조선(북한)에서, 히로세 사부로(廣瀨三郎)는 옌지에서 체포되어 소련의 수용소 몇 곳을 옮겨다니다가 푸순 전범관리소에 수감되었다.

소련의 혹한에서 강제노동에 시달리다가 중국으로 이송된 후 강제노역도 폭행이 행사되는 일도 없이 양질의 식사가 제공되어 전범들은 상당히 놀라워했다. 푸순 전범관리소에서는 기본적으로 '교육'을 통하여 자기의 행위를 반성시킬 목적으로 죄를 인정(認罪)하도록 하

---

1 山西省人民檢察院編, 『偵訊日本戰犯紀實(太原)』, 神華出版社, 1995.

2 岡部牧生他, 『中国侵略の証言者たち-「認罪」の記録を読む』, 岩波新書, 2010, p.4.

는 과정을 진행하였다. 이 과정은 크게 반향기, 학습기, 조사기, 표현 활동기로 나누어 이루어졌다고 한다.[3]

이 자료집에서 다루고 있는 4명 중 이나바 이사오(稲葉績)와 무라야마 하야토(村山隼人)는 타이위안 전범관리소에 수감되어 있었다. 이들 4명의 진술서는 모두 1954년 작성되었으며, 이나바와 무라야마는 각각 8월 11일과 14일에 와타나베와 히로세는 11월 17일과 12월 21일에 작성하였다고 적고 있다. 저우언라이(周恩來) 총리가 1953년 11월 최고검과 공안부 책임자들을 불러 수감 중인 일본전범의 처리작업을 최고검에 일임하고 공안부가 인력을 지원하도록 지시하면서 1954년 봄 '동북공작단'이 조직되어, '인죄탄백(認罪坦白, 숨김없이 자신의 죄를 고백하다)' 운동이 전개되었으며,[4] 그 과정에서 전범 자필진술서가 작성되었다. 이를 토대로 특별군사법정을 마련하여 1956년 전범재판을 진행하였다. 수감되어 있던 전범들 가운데 45명이 기소되고 그 외 전원 불기소 처리되어 즉시 석방되어 귀국하였다. 이 자료집의 4명은 불기소 처리되어 귀국한 이들이다.

끝으로 이 책의 번역은 자료집이라는 특성상 원문을 살리는 것을 우선하여 다음에 따라 진행하였음을 밝혀둔다. 첫째, 전범이 사용한 단어와 원문이 문법적으로 어색하더라도 가능한 그것을 살리는 방식으로 진행하였다. 둘째, 일본어와 중국어는 국립국어원의 외래어표기법에 따랐으며, 국어사전에 실려 있는 한자 표현은 그대로 살려주었다. 셋째, 만주 지역 등 중국 내 지명의 표기는 중국어 발음으로 통일하였다. 넷째, 차별어의 경우 예를 들면 지나인(支那人, 중국인의 차별어), 북지(北支, 북중국) 등은 그대로 표기하였다. 다섯째, 일본인의 성씨를 표기할 때 같은 한자 이름이지만 음이 여러 개 있는 경우 가장 많이 쓰이는 것으로 번역하였다. 여섯째, 점령지에 설치한 위안소 이름, 기업 이름은 일본어 발음으로 번역하였다.

---

3 岡部牧生他, 『中国侵略の証言者たち－「認罪」の記録を読む』, 岩波新書, 2010, p.30.

4 김효순, 『나는 전쟁범죄자입니다 – 일본인 전범을 개조한 푸순의 기적』, 서해문집, 2020, pp.189~190.

이나바 이사오: '위안부' 납치

『선편』 13권에 수록되어 있는 이나바 이사오는 1923년에 태어나 1943년 입대하여 일본군 제3여단 보병 제6대대 통신대장이었다. 전쟁이 끝난 후에도 산시(山西)성에 잔류하여 옌시산 군대에 들어가 팔로군[5]과의 전투를 계속하였다. 진술서 작성일은 1954년 11월 17일이다. 1956년 7월 귀국하여 일본의 '중국귀환자연락회(中国帰還者連絡会)'[6]의 상임이사 등을 역임하였다. 이나바 이사오는 훗날 『끝나지 않는 싸움: 산시성에 남겨진 병사들(終わりなき闘い: 山西省に残留させられた兵士たち)』(撫順の奇蹟を受け継ぐ会埼玉支部, 2012. 5)을 출판하였다.

이나바 이사오는 앞서 말했듯이 제2차 세계대전이 끝난 후에도 4년간 중국 산시성에 잔류하여 팔로군과의 전투를 이어갔다. 종전 후 일본군 2천 600명이 중국에 남아서 국민당군과 함께 공산당군과 싸웠는데, 중화인민공화국 수립까지 4년 동안 일본군 약 560명이 전사하였다. 포츠담선언으로 결정된 무장해제에 반하는 행위가 되기 때문에 일본 정부는 지금도 군명(軍命)에 의한 잔류를 인정하지 않고 있으며 병사들이 스스로의 의지로 중국 내전에 참가하였다고 주장하고 있다. 이나바 이사오는 증언집회에서 1946년 2월 상관에게 불려갔을 당시에 대해서 "귀국에 관한 이야기라고 생각하였지만, 상관으로부터는 '작전명령'이 내려졌다. 3분의 1의 병력을 남겨야 한다. 너는 가장 젊은 장교이기 때문에 남으라고 하였다"고 회상하고 있다.

4년간 공산당군과 전투 후 타이위안 전범관리소에 수용되었다. 1956년 귀국하였는데, 일본 국회에서 "상관들이 '잔류명령'을 내리지 않았다"고 증언하고 있었다. 게다가 잔류병은 도망병 취급을 받아서 군인은급조차도 받지 못하였으며 중국에서 온 '빨갱이 사도(赤の使者)'라고 불리는 일조차 있었다고 당시 상황을 설명하였다. 잔류병들은 재판에서 국가와 싸웠지만 패소하였다. 이나바 이사오는 집회에서 "한번 전쟁이 벌어지면 군대와 정부는 마지막에는 국

---

5 1937년 7월 중일전쟁이 발발하자 중국공산당 휘하 독립적 성향을 가진 부대로 중국 국민혁명군 예하 제8로군(1937. 8)으로 편성됐고, 얼마 뒤 제18집단군(1937. 9)으로 개편됐지만 팔로군이라고 계속 불리었다. 이때 1937년 9월 제2차 국공합작이 형성됐고, 팔로군은 신사군(新四軍, 1937. 10)과 함께 화베이(華北) 지방에서 항일전의 유격전을 담당했다.

6 중국 전범관리소에 억류되었던 일본 군인들이 귀국 후 1957년 9월 24일 결성한 단체로 '반전평화'와 '중일우호'를 위하여 노력하였다. '중귀련'으로 약칭.

민을 쓰고 버린다. 여러분 이것을 잊지 말아 주세요"라고 호소하였다.[7] 이 외에도 이나바 이사오는 중국귀환자연락회 활동 등 일본의 우경화에 대한 우려와 전쟁을 반대하는 다수의 증언회에서 증언을 이어가고 있다.

이나바 이사오는 자필진술서에서 피난 중인 중국 여성들을 체포하여 일본군위안소로 보내 '위안부'로 삼고자 한 사실 등에 대해 증언하고 있다.

> 1945년 2월 20일부터 같은 해 3월 22일까지 산시성 판스(繁峙)현의 독립혼성 제3여단 보병 제6대대 제4중대 견습사관 중대 소속, 2월 21일 시카마타 슈이치(鹿又秀一) 부대에 임시로 배속되었다. 이 당시 "3월 5일 오전 5시경 중대 주력이 판스현 ○○○촌을 새벽녘에 공격했을 때 나는 중대(장-누락오기) 가네코 덴자부로(金子傳三郎)의 명령을 받고 부하 병사 5명을 지휘하여 이 마을 동북의 움푹 파인 구덩이에서 피난하고 있던 부녀 10명을 체포하여 중대 본부에 넘겨주었습니다. …… 나아가 이 마을을 출발할 때 중대장으로부터 중대의 위안소를 만들 목적으로 체포한 부녀 중 연령 17세부터 20세까지의 부녀 20명을 데리고 가라는 명령을 받았습니다.

이나바 이사오의 위 증언은 점령지 중국에서 일본군이 중국 여성들을 납치하여 일본군위안소를 설치하였다는 사실에 대한 명확한 진술이다. 일본군은 제2차 세계대전이 종결된 이후 산시성 옌시산 군대에 잔류하면서도 이전과 마찬가지로 일본군위안소를 두고 있었는데, 이 점에 대해서도 이나바 이사오는 다음과 같이 진술하고 있다.

> 1948년 8월 10일 장수이(丈水)현을 철수할 때 …… 교원 왕푸하이(王福海)에게 군대에 들어갈 것을 선동하였으며 그 사람과 적지 않은 학생들을 군대로 들여보냈습니다. 또한 학생들에게 먹고살기 위하여 자신의 몸을 팔아서 생활하도록 시켰습니다. 1948년 11월 30일 타이위안시 신청베이(新城北街)가 자원조사사 사택에서 10총대(十總隊)위안소의 허위란(何玉蘭)을 기만하여 한 달 동안 데리고 살았으며 그 후 재차 위안소로 보내 위안부를 시켰으며 해방 후 재차

---

7 『神奈川新聞』社会, 2013. 11. 9.

동거하였으며 …… 또한 1950년 7월에 허위란을 20만 원에 파는 일에 동의하여 그중 2만 원을 자신의 것으로 만들었습니다.

여기서 말하는 10총대(十總隊)란 1947년 6월 육군 잠편독립 제10총대(陸軍暫編獨立第十總隊)로 개편된 산시성 잔류부대를 말한다. 중일전쟁이 끝난 후 산시성에 잔류하여 내전에 참전한 일본군들이 마찬가지로 위안소를 운영하고 있었다는 사실을 증언하는 이는 그 밖에도 있다.[8] 일본군이 위안소를 설치한 목적 중 하나는 전지에서 일본병의 점령지 여성에 대한 강간을 막기 위해서였다고 한다. 하지만 이나바 이사오의 자필진술서는 곳곳에서 저지른 강간에 대하여 진술하고 있다. 이 증언을 통해서 위안소 설치가 실제적으로 강간 방지에 효과가 있었다고 보기는 어려운 듯하다.

무라야마 하야토: 주보위안소 설치

『선편』 54권에 실려 있는 무라야마 하야토는 일본 가고시마(鹿児) 출신으로 돗판인쇄(凸版印刷)주식회사에 다니다가 1942년 입대하여 북지나파견군 장교로 중국 산시성에 있었다. 전쟁이 끝난 후 산시성에 잔류하여 옌시산군대에 들어가 중국공산당과의 전쟁을 계속하였다. 중국에 체류하던 기간 동안 그의 위안부 관련 증언 내용은 주로 1944년과 1945년에 집중되어 있다.

---

8 "1948년 3월 하순, 교도총대용으로 위안소의 설립을 이마무라 방책(대좌 독립혼성 제3여단 고급 참모)에게 건의하여 종래 제6단이 경영하고 있던 다난먼(大南門)의 위안소를 백면 약 백포대로 양도받아 이것을 수리하였으며 사령부에서 경영하였다. '위안부'는 중국 여성 6명이었다. 그 외 사령부의 상급 간부용으로 타이위안시 징롱종가(精營中街)의 숙사를 획득하였으며 위안경비로 '춘우'의 가옥을 획득하여 경영하는 등 잔류 일본인을 부패타락의 길로 내몰았으며 또한 일반 대원과 각 단의 사령부에 대한 불만을 누르거나 완화하였으며 일인의 잔류에 영향을 주었다"(菊地修一, 『선편』 4권). 이러한 기쿠치의 진술에서 '위안부'와 '위안소'가 산시성에 잔류하는 군인들의 불만해소책이었다는 것과 일본군을 잔류시키기 위한 하나의 장치였다는 사실을 알 수 있다.

같은 해(1944년) 9월 하순 링촨(陵川)현 성내에 일본군위안소를 설치하여 긴밀 단결이라고 하는 표어 아래 보다 나은 군무에 복무하도록 하였습니다. 원래부터 있던 위안소에 더하여 방 7칸의 주민을 내쫓고 개조하여 위안소로 삼았습니다. 여기에 살고 있던 사람들에 대해서는 현이 조금이라도 돌보아주라고 형식적으로 말했을 뿐이었으며, 실제로는 성외의 부서진 집에서 일시적으로 피난생활을 하고 있었습니다. 나는 중국인이니까 어디서나 생활할 수 있으며, 그보다 부하들이 더 중요하다고 생각해 이러한 수단을 취하였습니다.

(1944년) 10월 24일 링촨현 성내와 어느 일본군위안소에서 나는 7명의 중국 부녀를 일본병의 위안부로 삼는 일을 허가하였으며, 일본인 이노시타(井下)에게 가오핑 방면에서 생활에 곤란한 가정으로부터 한 명당 좁쌀 약 100근으로 사도록 하는 영업을 시켰습니다. 나는 시골에서는 군대에 즐거움이 없기 때문에 여성을 접하여 육체적으로 위안시키면 대장에게 부모와 같은 마음이 있다고 존경하여 군무에 노력할 것이라고 생각하여 설치했던 것입니다. 나는 이 위안소 개점일에 이노시타에게 초대되어 연회에 참가하였지만 위안부는 모두가 공동으로 사용하기 때문에 대장의 품격이 떨어진다고 생각하였습니다. 또한 처녀를 독점하고 싶었기 때문에 이노시타의 아내에게 대장의 권력을 이용하여 아이 돌보는 15살이 되는 소녀를 싫어하는 데에도 강제로 방으로 밀어넣어 강간하였으며 그 후에도 세 차례 행하였습니다. 7명의 여성은 모두 20세 이하였는데, 내가 링촨을 떠날 때에는 절반은 화류병에 걸려 있었습니다.

위의 무라야마 하야토의 진술을 통해서 일본군이 링촨현에서 가옥을 몰수하여 위안소로 만드는 과정을 직접 지휘하고 있었다는 사실을 알 수 있다. 뿐만 아니라 위안소 업자로 추정되는 일본인 이노시타에게 좁쌀을 지불하고 중국 여성을 사오게 하는 인신매매를 허가하는 등 직간접적으로 관여했다는 사실을 엿볼 수 있다. 무라야마는 위안소에서 '위안부'를 군인들에게 제공한 동기에 대하여, 병사들이 군복무에 보다 매진할 수 있도록 '위안'을 제공하기 위해서였다고 서술하고 있다.

무라야마는 위안소의 법제 문제를 둘러싼 논의에서도 아래와 같이 유의미한 진술을 하고 있다.

> 같은 해(1945년) 4월 하순 루청(潞城)현성 내 경비대 근처에서 북지나파견 루 제1474부대가 이전부터 사용하고 있던 12칸 가옥에 대해서 주민 측으로부터 요청이 있었습니다. 하지만 나는 부대의 주보위안소(酒保慰安所)로 만들어 대원들이 이용하도록 하면 어느 정도 유용하겠다고 생각하여 요청을 거절하였습니다. 그 후 개조하여 위안소 개설 준비를 현의 비용으로 하도록 하였으며 완성하기 직전에 군대는 이동하였습니다.

주보(酒保)란 군대 주둔지(병영), 시설, 함선 내부 등에 설치되어 주로 군인이나 군속과 이에 상당하는 사람들에게 주로 일용품, 기호품을 싼 가격으로 제공하던 매점을 말한다. 주보와 위안소를 엮어 주보위안소라고 명명하고 있다는 점은 주목할 만한 지점이다. 1904년 제정된 야전주보규정(野戦酒保規程)은 1937년 개정되면서 "야전주보에서 앞 항 외에 필요한 위안시설을 둘 수 있다"가 추가된다.[9] 나가이 카즈(永井 和)는 야전주보에 부설된 위안시설(野戦酒保に付設された慰安施設)이 육군 조직편제상 군위안소의 법적 위치라고 이야기하고 있다. 이 개정으로부터 4년 후 1941년 급양을 담당하는 경리장교의 매뉴얼 중에 사단 규모 부대가 점령지에서 주둔체제에 들어간 경우 반드시 설치해야만 하는 시설로 군위안소가 주보와 함께 기록된다고 하였다. 무라야마 하야토의 진술은 나가이의 주장하는 바가 전장에서 어떻게 이루어졌는지를 엿볼 수 있게 한다.

전장에서 위안소의 양상은 강간센터와 구분이 불가능해지기도 하는데, 분견대와 분견대 대장은 지위체계를 벗어나 점령지 여성에 대해 다양하게 폭력을 자행하였다. 아래의 진술에서도 이와 같은 점이 드러난다.

---

9 1904년 제정 당시의 조항 제1조 야전주보는 전지에서 군인군속에 필요한 군수용품을 정확하고 염가로 판매할 것을 목적으로 한다(第一条 野戦酒保は戦地に於て軍人軍属に必要の需用品を正確且廉価に販売するを目的とす)였다. 이 조항은 1937년 개정되면서, 제1조 야전주보는 전지 또는 사변지에서 군인, 군속 그 밖의 특히 종군허가를 받은 자에게 필요한 일용품, 음식물 등을 정확하고 염가로 판매할 것을 목적으로 한다. 야전주보에서는 전항 외에 필요한 위안시설을 둘 수 있다(第一条 野戦酒保は戦地又は事変地に於て軍人、軍属其の他特に従軍を許されたる者に必要なる日用品、飲食物等を正確且廉価に販売するを目的とす. 野戦酒保に於ては前項の外必要ある慰安施設をなすことを得)가 부가된다. 永井和, 「日本軍の慰安所政策について」, nagaikazu.la.coocan.jp/works/guniansyo.html#ftn52371.

같은 해(1945년) 3월부터 루청현 웨이쯔(微子)진 분견대는 생활이 곤란한 중국 여성(약 25세 정도)을 부대의 잡역으로 사용한다고 기만하여 데리고 와서 약 20명의 육체 위안에 사용하고 있었습니다. 나는 그 사실을 줄곧 알고 있었지만 시골에는 오락이 없기 때문에 방임하였으며 게다가 4월 중순에는 공공연하게 허가까지 하였습니다. 또한 동시기 루청현 황디엔(黃碘)진 분견대장 미야야마(宮山) 준위가 토벌 나가서 황디엔진 북쪽에서 연행해온 중국 여성(연령 불분명)을 몰래 숨겨두고 매일 데리고 놀고 있다는 보고를 받았지만, 미야야마는 오래된 준위로 잘못하면 말을 듣지 않으니까 하고 싶은 대로 하도록 둔다고 생각해 방임하였습니다. 그 후 그가 전임하는 5월까지 계속되었으며 그 후는 방치되었다고 들었습니다.

위안소만이 아니라 미야야마 준위와 같이 중국 여성을 납치 감금하여 폭행을 감행한 일은 산시성 피해자들의 피해구술에서 자주 보인다.[10] 일본군대는 '엄격한 계급의식과 훈련에 의해 유지'되고 있었기 때문에 "2년 전에 초년병이었던 간부후보생 출신의 장교를 하사관이나 고참병이 깔보는 경향이 강했다."[11] 따라서 그들을 관리해야 하는 장교와 준위와의 관계 면에서 장교들은 적당히 눈을 감아야 하는 권력관계가 있었으며 이것이 더욱더 이와 유사한 범죄를 낳은 요인이기도 하다.

와타나베 마사오: 위안소의 회계업무자

『선편』 107권에 실려 있는 와타나베 마사오는 1917년 일본 교토에서 태어나 8년 정도 학교교육을 받고 농업에 종사하다가 1938년 입대하였다. 북지나방면군 독립혼성 제5여단과 10여단에 소속되어 있었다. 군의 급양과 경리를 담당했으며, 패전 당시 주계준위였다. 1945년 8월 23일 북한 함흥에서 소련군에게 잡혀 소련으로 호송되어 수용소 세 곳을 옮겨다니다가 1950년 푸순 전범관리소에 수용되었다. 자필진술서의 작성은 1954년 8월이었다.

---

10 이선이, 「일본군의 성폭력에 대한 一考察-中國 山西省 피해자의 구술을 중심으로」, 『한국사학회』, 2015. 12.

11 후지와라 아키라, 『일본군사사 상』, 제이앤씨, 2012, p.301.

와타나베 마사오는 일본군'위안부' 관련 부분을 강간으로 분류하여 진술하고 있다. 그는 위안소 관리자(업자)를 '일본제국주의자'로 묘사하고 있으며 위안소로 추정되는 곳에 있는 여성들이 '구속 감금'되어 있었으며, 위안소에서 행한 자신의 행위를 '강간'으로 서술하고 있다.

> 1940년 12월부터 1941년 12월까지 독립보병 제18대대 본부 주계군조로서 산둥(山東)성 가오미(高密)를 점거하고 있었다. 이 동안에 가오미 성내에서 일본제국주의자가 유인하여 구속 감금하고 있던 20세 정도의 중국인 여성 1명, 성 밖의 25세 정도의 조선 인민 여성 1명, 칭다오(青島)시로 출장 갔을 때 25세 정도 여성 1명과 21세 정도 여성 1명을 강간하였습니다. …… 1942년 3월 지난(齊南)시를 점거하고 있던 시기에 나 독립혼성 제10여단 사령부 경리부 주계군조는 일본제국주의자가 유인하여 구속 감금하고 있던 23세 정도의 조선인민 여성 1명을 강간하였습니다. …… 1942년 5월부터 1944년 3월까지 산둥성 타이안(泰安)을 점령하고 있을 때 제59사단 경리부 주계하사관으로 있었습니다. 이 점령 기간 동안 일본제국주의자가 유인하여 구속, 감금하고 있던 22세 정도의 조선인 여성 3명을 강간하였습니다. …… 산둥성 지난시를 점령하고 있던 1944년 5월과 7월, 나 제59사단 경리부 주계군조는 일본제국주의자가 유인하여 구속, 감금하고 있던 20세 정도의 중국 인민 여성 2명을 강간하였습니다. …… 1944년 4월부터 1945년 7월까지 산둥성 지난시를 점령하고 있던 시기에 제59사단 경리부 주계하사관이었으며 일본제국주의자가 유인하여 구속, 감금하고 있던 20세 정도의 조선 인민 여성 3명을 강간하였습니다.

와타나베의 위와 같은 진술을 통해 산둥성 가오미, 타이안, 지난 등지에 산재하고 있던 위안소에 조선인 일본군'위안부'가 상당수 있었다는 사실을 알 수 있다.

그는 또한 '위안소'에 해당되는 곳 = '공공연한 강간시설'의 운영이 일본군의 경비 = 영외 시설비(營外 施設費)로 충당되었다는 사실과 '호시클럽(星俱樂部)'과 군인회관을 관리 경영했던 것은 지난 최고사령부의 고급부관(高級副官)이었다고 진술한다.

> '호시클럽'이라고 칭하여 16세부터 25세 정도의 중국 인민 여성 약 50명을 유인 구속하여 감금하고 지난 최고사령부의 고급부관(高級副官)이 관리 경영하였다. 일본제국주의 군대가 공공

연한 강간시설을 만들어 감금하고 있던 여성들에게 물질적인 면에서도, 정신적인 면에서도, 건강적인 면에서도 인간적으로 가장 커다란 모욕과 고통을 주었다. …… '지난 군인회관(濟南軍人會館)'으로 칭하였으며, 지난 최고사령부의 고급부관이 관장하고 있었으며 군대만이 사용할 수 있었다. 여성을 상대로 하여 술을 마시고, 소란을 떨며 즐길 수 있는 음식장을 설치하고 있었다. 16세부터 25세 정도의 중국 인민 여성 약 15명, 중국 인민 성년 남자 30명 정도, 그 밖에 일본인 70명 정도를 수용하여 경영자부터 저임금 장시간 노동을 시키는 것 외에 술에 취한 침략 군인에 대한 대응을 하였다. 나는 1944년 4월부터 1945년 4월까지 제59사단 사령부가 지난의 최고사령부가 되었던 시기 주계조장으로서 경리부 주계과에 있었습니다. '영외 시설비'를 취급하였으며 특히 군인회관에서 매월 회계검사를 하였으며, 지출 및 수입 결산서를 점검하였습니다. 경영에 대한 의견을 내고 중국 인민 여성에 대한 처우와 유인, 구속, 감금하는 일에 참여하여 실행하였습니다.

와타나베는 일본군이 경제적 관리 경영만이 아니라 "여성에 대한 처우와 유인, 구속, 감금하는 일에 참여하고 실행"하였다고 진술하고 있다. 이는 '위안부'를 징집하고 구속하여 군인들에게 제공하는 등 총체적 역할을 일본군이 수행했다는 사실을 의미한다. 또한 여기서 말하는 위안소를 '관리 경영'했다고 하는 '지난 최고사령부의 고급부관'은 다음에 소개하는 히로세 사부로였던 것 같다. 히로세 사부로의 산둥(山東)성 지난(濟南)에서의 일본군'위안부'와 일본군위안소 관련 자필진술은 와타나베 마사오의 자필진술과 시기와 내용 등 많은 부분에서 일치하고 있다.

히로세 사부로: 위안소의 '감독자'

『선편』 113권에 실려 있는 히로세 사부로는 1903년 출생하여 일본 육군사관학교를 나와 1928년 지난사변 당시 중국 산둥성으로 출병하였다. 북지나방면군의 일원으로 화북 일대에서 군인으로 중국 침략전쟁에 참여하였다. 1945년 패전 당시 제3군 부관이었으며 옌지(延吉)의 군사령부에서 소련군에게 체포되었다. 1950년 푸순 전범관리소로 옮겨져 1954년 자필진술서를 작성하였다. 히로세 사부로의 아래 진술 내용에서 일본군이 일본군'위안부'와 위안소를 어떠한 방식으로 관리 운영하였는가를 엿볼 수 있다.

㉠ 1944년 4월 상순 제12군의 허난(河南)작전 출동 후 군 부관으로부터 지난에서 군 후방 시설 중 군인회관(軍人會館), 호시클럽, 요정 사쿠라(櫻), 카이코샤(偕行社) 요리부, 군 주보(酒保)의 감독업무를 계승하였습니다. 호시클럽은 일본군 장병 전용의 중국인 기관(妓館)이었습니다. 경영은 지난 중국기관조합장(中國妓館組合長)에게 위탁하였으며 건물은 일본군이 지난 점령 시 중국인으로부터 압수하여 약탈한 것을 이용하였습니다. 내부를 개조하여 사용하였으며 종업원의 식량 일용품 등은 일본군 주보로부터 염가로 공급하였으며 또한 의료(醫療)는 일본군이 부담한다고 하는 명목 아래 기만적으로 염가로 일본군 장병이 방탕하게 즐길 수 있도록 도구를 제공하였던 것입니다. 기녀(妓女)는 약 30명이었으며, 기녀 일인당 하루 평균 약 30명, 많은 날은 30명의 일본군 장병을 상대하지 않으면 안 되었습니다. 연령은 17~20세, 젊은 중국 여성의 대부분은 침략자의 육욕의 대상이 되었습니다. 또한 과로로 인한 질병과 쇠약이 생겨나게 하는 등의 대죄를 범하였습니다. 병이 들면 경영자인 조합장이 자기 조합 기관의 기녀로 교체하였습니다. 그 숫자는 알지 못합니다.

㉡ 군인회관은 일본군 장병(주로 하사관병)을 위하여 영화 관람, 식사, 음주, 이발, 입욕, 오락, 일용품, 감미품(甘味品) 등의 구입에 편의를 주기 위하여 설치한 것입니다. 종업원은 일본인 12(3)0명(그중 약 반수는 여성), 중국인 약 60명이었습니다. 중국 종업원에 대한 대우는 일본 종업원에 비하여 주거와 임금 모두 지극히 저열하였습니다. 중국인을 경시하여 차별적 취급을 하는 등의 죄악을 저질렀습니다.

㉢ 일본군의 허난작전 진척에 따라서 1944년 6월경 제12군으로부터 기녀를 전선으로 보낸다는 취지의 의뢰 요구가 있었습니다. 일본인요리조합은 당시 일본인 기녀가 현저하게 감소하여 이 요구에 응하기 어렵다는 회답을 그저께 보내왔었기 때문에 지난의 조선인 요리 조합에 파견을 의뢰하였습니다. 훗날 기녀를 보충하는 데에 따르는 편의를 제공한다고 하는 조건으로 승낙을 받아서 조선인 기녀 약 30명을 위험 많은 제1선에 가까운 정저우(鄭州)로 파견(약 3개월)하는 죄악을 범하였습니다. 요행스럽게도 이사이 기녀의 손해는 한 명도 없었습니다.

히로세의 위 진술은 일본군이 중국기관조합장(中國妓館組合長), 일본인요리조합, 조선인요리조합 등에게 위안소의 경영을 위탁하고 건물을 대여하여 필요한 물품을 저렴하게 제공하였으며, '성병' 관련 위생은 일본군이 직접 관리하는 방식을 취했다고 말한다. 또한 전선으로 일본군'위안부'를 파견하는 일도 일본군이 직접 나서서 요리조합과 협상하여 일을 처리하였다는 사실 등을 알 수 있다. 일본군위안소는 위안소라는 명칭만이 아니라 '군인회관(軍人會館)', '호시클럽(星俱樂部)', '요정 사쿠라(櫻)', '카이코샤(偕行社)[12] 요리부' 등 다채롭게 사용되었다는 사실도 와타나베와 히로세의 증언에서 엿볼 수 있다.

일본군'위안부'의 동아시아사적 이해의 자료

한국에서의 일본군'위안부' 관련 연구는 주로 한국의 일본군'위안부' 피해자를 중심에 놓고 진행되어 왔다는 특징을 갖고 있다. 따라서 가해자 일본군의 당시 진술은 한국에서 일본군'위안부' 연구에 새로운 길을 열 수 있다는 점에서 의미가 작지 않다고 할 수 있다. 이 자료집에서 소개하는 4명의 자필진술서는 일본군이 직접 여성을 납치하거나 인신매매와 사기 등으로 '위안부'로 삼거나, 위안소를 만든 이야기를 생생하게 전달하고 있다. 뿐만 아니라 위안소 업자와 일본군이 긴밀하게 연계하여 위안소라고 하는 성폭력 시스템을 유지하고 있었다는 사실이 명확히 드러난다. 그리고 조선인 여성들이 전쟁터가 된 중국으로 끌려와 어떻게 유린의 대상이 되었는지를 엿볼 수 있는 내용을 비교적 자세하게 진술하고 있다.

평소 일본군'위안부' 문제는 일국사 혹은 한일관계사를 넘어서 동아시아사적 맥락에 두고 바라보아야 한다고 생각해 왔다. 『선편』은 전쟁터가 된 중국과 침략군 일본군, 점령지와 식민지 피해자 나아가 일본인 피해자 모두에 대하여 언급하고 있어 그것을 가능하게 해준다. 무엇보다도 가해자 일본군의 진술을 통하여 피해의 실태를 드러내고 있다는 점에서 중요한 자

12 일본 육군이 창건된 후 1877년 2월 15일 육군장교의 집회소, 사교장(장교클럽)과 일종의 영빈관으로 도쿄부 큐단(東京府九段)에 큐단카이코샤(九段偕行社 또는 도쿄카이코샤[東京偕行社])에서 시작되어 이후 각지 사단 사령부 소재지에 설립되었다.

료라는 것은 재차 언급할 필요조차 없다. 전쟁터가 된 중국에서는 일본과 조선에서의 피해 양상과 유사한 유형과 점령지에서 자행된 날것 그대로의 폭력 양상이 함께 보인다. 전쟁터에서는 일본군이 직접 말 그대로의 폭력적 방식으로 중국 여성들을 납치하여 일본군의 '위안부'로 만들기도 하였다. 그리고 일본과 조선에서 보이는 약간의 비용을 지불하는 방식으로 피해자를 만들기도 하였다. 또한 일본인과 조선인 여성들이 일본군'위안부'가 되어 전쟁터가 된 중국 곳곳에 있었다는 사실을 와타나베 마사오와 히로세 사부로의 증언에서 알 수 있다. 무엇보다도 자필진술서에는 가해자 일본 군인, '일본제국주의자'=업자, 조선인 피해자, 중국인 피해자, 게다가 일본인 피해자 등이 등장한다. 이를 통하여 한국과 중국에서의 피해와 가해 구도를 다층적으로 그려볼 수도 있다. 일본인 피해자와 관련한 진술은 일본군의 성폭력 시스템을 동아시아사적 시각에서 통합적으로 밝혀내는 데 유의미하다고 할 수 있다.

자필진술서

이나바 이사오 자필진술서

제13권 수록 전범

나는 이나바 이사오(稲葉績)라고 하며 일찍이 중국 이름은 허후이순(何惠順)이었다.[1] 어린 시절 이름은 나가쿠라 이사오(長倉績)였으며 법명 이나바 다카세키(稲葉孝績)를 사용하였습니다. 올해 32세 남자이며, 1923년 11월 30일 일본국 도쿄(東京)도 도시마(豊島)구 이케부쿠로(池袋)정 1정목(丁目) 77번지에서 태어났으며 현적지는 원적지와 같습니다. 1943년 9월 도쿄도 릿쇼(立正)대학 전문부(專門部) 종교과(宗教科)[2]를 졸업하였다. 내가 중국에 왔을 당시 일본 집에는 양어머니 이나바 쿠라(稲葉くら)가 무직으로 집에서 생활하고 있었는데, 그 후 사망하였기 때문에 현재는 나 혼자이며 재산은 없습니다.

나는 1943년 11월 1일 징병되어 야마나시(山梨)현 코후(甲府)시 히가시(東)부 제63부대[3]에 입대하여 이등병으로 초년병교육을받았습니다. 1943년 12월 3일 산둥(山東)성 이저우(沂州)의 북지파견[4] 후(楓) 제4723부대에 전속되어 중국으로 와서 1944년 2월 상순에 이르기까지

1 제2차 세계대전이 끝난 이후 옌시산군대에 잔류한 일본군들은 중국명을 만들었다.

2 니치렌종(日蓮宗)의 교육기관으로 출발하여 1925년에 릿쇼대학 전문부로 명칭을 바꾸며 종교과, 국어한문과, 역사지리학과를 두었다.

3 히가시부 제63부대는 일본 육군 연대의 하나로 야마나시현 코후시에 편성된 코후 49연대(甲府四十九連隊)가 전신이다. 코후 연대는 전쟁이 격화되면서 새로운 부대 편성을 위한 병영으로 바뀌어 1939년부터 히가시부 제63부대로 변경되었다. 그리고 태평양전쟁이 끝나는 시기까지 수많은 부대가 여기에서 편성되어, 중국과 남방전선으로 보내졌다. 『山梨百科事典』(山梨日日新聞社編, 1989, pp.352~353) 이나바 이사오도 이곳에서 훈련을 받고 중국으로 보내진 것이다.

4 일본제국 육군은 중일전쟁 개전 전에는 조선군, 대만군, 관동군, 지나주둔군으로 이루어져 있었다. 1937년 7월 7일, 노구교사건을 일으킨 후 8월 31일 지나주둔군은 제1군으로 개편되고 화북 지역 서부를 작전지역으로 삼은 제2군이 창

이 부대의 통신대에서 이등병으로 초년병교육을 받았습니다.

1944년 2월 상순부터 같은 해 3월 상순까지 산둥성 짜오좡(枣庄)의 북지 파견 간(幹) 제4723부대 교육대에서 간부후보생 요원의 집합교육을 받았습니다. 1944년 3월 상순부터 같은 해 4월 30일에 이르기까지 같은 부대 통신대에서 상등병으로 갑종 간부후보생 통신교육을 받았습니다. 1944년 5월 1일부터 1944년 12월 10일에 이르기까지 허베이(河北)성 스먼(石門) 간부후보생대 통신대에서 통신장교로서 교육을 받았습니다. 그동안 오장(伍長), 군조(軍曹)[5]를 거쳐서 병과 견습사관으로 졸업하였습니다.

그 후 1944년 12월 중순부터 1945년 1월 중순에 이르기까지 산둥성 짜오좡의 북지파견 간 제1426부대 교육대에서 병과 견습사관으로 일반장교 근무교육을 받고 1945년 1월 중순부터 같은 해 2월 중순에 이르기까지 산시(山西)성 궈(崞)현의 독립혼성 제3여단(북지파견 조[造] 제3580부대)[6] 교육대에서 병과 견습사관으로 일반장교 근무, 승마술, 대전차 육박공격교육을 받았습니다.

교육이 끝난 이후인 1945년 2월 중순부터 같은 해 3월 중순에 이르기까지 산시성 판스(繁峙)현 독립혼성 제3여단(북지파견 조 제3582부대) 보병 제6대대 제4중대(북지파견 조 제

설되었다. 1군과 2군을 총괄할 목적으로 북지나방면군(北支那方面軍)이 편성되었으며 일본제국 육군 최초의 방면군이다. 11월 20일 대본영이 설치되어 대본영 예하로 들어갔으며 1939년 9월 23일에 신설된 지나파견군 전투서열에 편입되었다. 사령부는 베이징에 있었으며 주로 화북 방면을 작전지역으로 하고 있었다. 1941년 7월 7일부터 1944년 8월25일까지의 사령관은 오카무라 야스지(岡村寧次)였다. 이나바 이사오가 말하는 북지파견군(北支派遣軍)은 바로 북지나방면군을 말하는 것이다.

5 일본군 구 군대의 계급명으로 지금의 하사관에 해당된다. 당시의 역사용어로 여기서는 오장과 군조로 그대로 번역한다.

6 독립혼성여단은 일본군 여단 편제의 하나로 어떤 사단에 속하지 않으면서 독립적으로 전투와 전역임무를 수행한다. 대부분은 수비부대로 기병, 포병, 공병 등의 각 단위에 소속되며 보병에게 무기를 편리하게 나누어주어 전술단위가 되어 산지작전 등을 수행한다. 독립혼성 제3여단은 중일전쟁 개시 후 전선의 장기화에 대비하여 편성되었다. 1938년 3월 관동군독립수비대를 기간으로 제5사단 및 제11사단의 전속인원으로 베이징 시위안(北京西苑)에서 편성되었다. 독립혼성 제3여단 사령부, 독립보병 제6대대, 독립보병 제7대대, 독립보병 제8대대, 독립보병 제9대대, 독립보병 제10대대, 독립혼성 제3여단 통신대, 독립혼성 제3여단 공병대, 독립혼성 제3여단 포병대 등이 있었다. 베이징에서 훈련 후 제1군의 전투 서열로 편성되어 징한철도(京漢鉄道, 스자좡[石家荘]－창더[彰德] 사이) 수비임무를 위하여 사령부를 쉰더(順德)에 두고 연선(沿線)경비를 하였다. 1939년 1월 제1군의 작전지역이 산시성으로 옮겨짐에 따라서 산시성 북부 경계를 명받고 사령부를 궈현에 두고 경계임무를 하였다. 최후의 여단장은 육군소장 야마다 사부로(山田三郎)이었다. 1945년 8월 무장해제되어 현지 자활 방책을 꾀하면서 복귀준비를 진행하였다. 1946년 4월에 차례로 복귀수송이 시작되어 베이징, 톈진을 거쳐 출항하여 5월 23일 센자키(仙崎, 일부는 사세보[佐世保], 하카타[博多])에 상륙하였으며 6월 4일 복귀완료하였다.

3580부대)에서 병과 견습사관으로 중대 소속이 되었습니다. 그 후 1945년 3월 중순부터 동년 4월 중순에 이르기까지 산시성 다이(代)현의 독립혼성 제3여단 보병 제6대대(북지파견 조 제3582부대) 교육대에서 분대장, 소대장, 중대장교육과 병과 견습사관으로 집합교육을 받았습니다. 교육 종료 후에는 1945년 4월 중순부터 1946년 2월 하순까지 산시성 다이현의 독립혼성 제3여단 보병 제6대대(북지파견 조 제3582부대) 통신대에서 병과 견습사관으로 대리통신대장이 되었습니다. 그사이 1945년 8월 15일 투항하였을 때 소위로 임관하여 그 후 정식으로 통신대장이 되었습니다.

1946년 3월 1일부터 동년 5월 중순에 이르기까지 산시성 궈현 위안핑(原平)진의 옌시산(閻錫山)[7]군 산시 수복철로공로총대 제7공정대(修復鐵路公路總隊 第7工程隊, 후에 보안사령부 보안 제2대대[保安司令部 保安 第2大隊]로 개명되었다)[8]에 참가하여 소령(少校)으로 통신소대장(通信 小隊長)이 되었습니다. 그 후 1946년 5월 중순부터 같은 해 9월 상순에 이르기까지 산시성 타이위안(太原)시 대군영의 타이위안 제2전구(戰區) 간부훈련단에서 소령으로 제3영

---

7 옌시산(閻錫山, 1883. 10. 8~1960. 7. 22)은 중국의 군벌 정치가로, 자는 백천(伯川), 산시(山西)성 우타이(五臺)현 출생이다. 어려서 일본으로 건너가 군사학을 배웠고, 1905년 도쿄(東京)에서 중국동맹회(中國同盟會)에 가입했다. 1909년 일본 육군사관학교를 졸업했고, 귀국 후 산시성 육군감독을 역임하면서 신식군대를 만들어 통솔하고 반청(反淸)혁명활동에 참가했다. 1911년 신해혁명 후 산시성 도독이 되었으며, 북양정부(北洋政府) 시기에는 산시성장을 지냈다. 1927년 국민혁명군 북방총사령관직을 맡았다. 장제스(蔣介石)에 의한 4·12쿠데타가 일어났을 때 산시에서 이에 협조했으며, 다음해 제3집단군 총사령관이 되었다. 1929년 탕성즈(唐生智) 토벌에 참가했고 장제스 위원상에 의해 육해공군 부사령관으로 임명되었다. 1932년 타이위안 수이징공서(太原 綏靖公署) 주임이 되었다. 시안사변(西安事件) 이후 장제스의 안내양외(安內攘外: 국내를 먼저 평정한 후 외세에 대항함)정책을 지지했다. 항일전쟁 시기에 제2전구(戰區) 사령장관 겸 산시성 정부의 주석을 맡아 서북 지역에서 일본군을 견제했다. 항일전쟁이 끝난 후 국민정부를 지지했다. 1949년 3월 공산당의 인민해방군에게 산시성을 점령당한 후 타이위안에서 철수했다. 그해 6월 광저우(廣州)에서 국민정부 행정원장으로 취임했다. 국민정부가 타이완으로 옮긴 후 국민당 중앙평의회 위원에 임명되었다. 저서로 『대동의 길(大同之路)』, 『중국정치와 토지문제(中國政治與土地問題)』, 『300년의 중국(三百年的中國)』 등이 있다.

8 1945년 8월 15일 일왕이 무조건 항복한 후 9월 9일 일본중국파견군 총사령관 오카무라 야스지(岡村寧次)는 중국육군 총사령 허잉신(何應欽)에게 항복문서를 넘겨주었다. 그러나 옌시산은 일본군의 도움을 받아 중국공산당에 대한 공격을 감행하고자 하였으며 산시성에 주둔하고 있던 일본군 역시 산시의 자원으로 패전한 일본의 부흥을 꾀하고자 하였다. 이로 인해 옌시산과 스미다 라이시로(澄田睞四郎) 등 산시 주둔 일본군과 협의를 하여 일본군의 일부로 옌시산의 비호하에서 새로이 군대를 편성하였다. 1945년 8월 상순부터 9월 상순까지 옌시산과 스미다는 협의를 달성하여 10월 옌시산과 일본화북방면군은 '합모사(合謀社)'를 조직하여 구체적으로 일본군 산시성 잔류문제를 논의하였다. 일본군은 '개별 발동'과 '지원잔류' 방식을 취하였으며 스미다 등은 '산시지구 일본관병선후 연락부(山西地區日本官兵善後聯絡部)'를 조직하였다. 실제로는 군중 전령방식으로 남은 군인을 지휘하였다. 그 후 옌시산은 '특무단(特務團)'을 조직하였으며 철로공로수복부대(鐵路公路修復部隊)라는 이름으로 연락부에서 징용령을 내렸다. 1946년 1월부터 2월까지 옌시산은 두 차례에 걸쳐 일본군부대 1만 1천 명을 징용하였다.

(營) 제9련(連) 교관을 담임하고 옌시산군대의 간부교육을 하였습니다. 1946년 9월 상순부터 1947년 3월 상순에 이르기까지 산시성 타이위안 친셴춘(親賢村)의 타이위안 제2전구 기갑(機甲)대에서 중령(中校)으로 사령부 참모처 통신참모가 되었습니다. 1947년 3월 상순부터 1948년 2월 중순까지 산시성 타이위안시 타이위안 수이징공서(綏靖公署)[9] 군관 심조반(軍官 深造班)에서 중령교관을 담임하였습니다. 1948년 2월 중순부터 같은 해 3월 중순까지 산시성 타이위안시의 타이위안 보안공서 돌격대대에서 중령교관으로 옌시산군을 교육하였습니다. 그 후 1948년 3월 중순부터 1949년 1월 상순에 걸쳐 산시성 타이위안시 신민얼타오(新民二條)의 타이위안 보안공서 제2자원조사사(資源調査社)에서 중령으로 정보공작을 담당하였습니다. 그동안 산시성 원수이(文水)현 주재 정보조작원 겸 원수이현 민위단(民衛團)사령부 중령교관을 담당하였습니다. 1948년 9월 하순, 자원조사사가 재편성되면서부터는 산시성 타이위안시 신청베이가(新成北街)에서 라디오 수신계를 맡았습니다. 1949년 1월 상순부터 같은 해 2월 중순에 이르기까지 산시성 타이위안시 성내에서 독품(毒品, 아편 및 재료) 밀매에 종사하였습니다. 1949년 2월 중순부터 같은 해 2월 하순까지 산시성 양취(陽曲)현 신뎬(新店)촌의 제71사(師) 공작대에서 정보공작대원 및 의료공작을 담당하였습니다. 그 후 1949년 2월 하순부터 같은 해 4월 20일까지 산시성 타이위안시에서 독품(아편 및 재료) 밀매에 종사하였습니다. 1949년 5월 중순부터 1950년 4월 상순까지 산시성 타이위안시 신성(新生)토목건축공사 공사대에서 대원으로 도로 수리에 종사하였습니다.

그동안 가짜 의사로 의료공작을 행하였으며 1950년 4월 상순부터 같은 해 6월 상순까지 타이위안시 싱룽가(興隆街) 64호 자택에서 폐침윤(肺浸潤)[10]으로 요양하였습니다. 그 후 1950년 6월 상순부터 같은 해 12월 11일까지 산시성 타이위안시 성내와 타이위안현 부근에서 가짜 의사로 의료공작에 종사하였습니다. 1950년 12월 12일 허베이성 융녠(永年)에서 집

9 수이징공서(綏靖公署)는 민국시기 국민혁명군의 지휘기구이다. 항전 시 각 전구(戰區)가 개편되어 전면 내전이 발발하면서 거의 제1, 제2, 제11과 제12전구만이 남아서 후에 시안 수이징공서(西安綏靖公署), 타이위안 수이징공서(太原綏靖公署), 바오딩 수이징공서(保定綏靖公署), 장위안 수이징공성(張垣綏靖公署) 등으로 개편되었다.

10 폐에 결핵균이 침입했을 때, 방위반응으로 보이는 폐의 병소. 병소가 새로울 때 혈액으로부터의 액성침윤(液性侵潤)이 많으며, 엑스레이 사진상으로 흐릿하고 경계가 불확실한 형태를 보인다. 옛날에는 엑스레이 사진상 폐결핵 증상이 보이는 상태를 총칭하여 일컬었다.

중학습을 받기 위해 수용되었습니다.[11] 나는 투항 후부터 도사리회(どさり會)[12] 회원으로 참가하였으며, 타이위안에 있었을 때 아시아민족혁명동지회(亞洲民族革命同志會)[13] 회원으로 참가하였습니다.

나는 1944년 6월 하순 허베이성 스먼간부후보생대 통신대 오장(伍長)후보생으로 허베이성 훠루산(獲鹿山)에서 통신교육을 받고 있었을 때 통신소의 덮개공사를 위해 약 50미터 사방의 채소밭을 파헤쳐 망쳐놓았습니다.

1945년 2월 20일부터 같은 해 3월 22일까지 나는 산시성 판스현의 독립혼성 제3여단 보병 제6대대 제4중대 견습사관중대 소속으로 2월 21일 시카마타 슈이치(鹿又秀一) 부대에 임시 배속되었습니다. 나는 제1소대장으로 판스 동남방 12미터에 있는 어느 마을에서 숙영하던 중 취사용 연료가 부족하다는 보고를 듣고 부하병에게 민가의 대문 1개와 창틀 2개를 떼어오라고 명령하여 불태웠습니다. 이 마을을 출발하면서 지휘반은 중대장 가네코 덴자부

---

11 산시성을 필두로 중국 국내 각지에서 공산당군에게 체포된 사람들이 있었으며 대다수는 옌시산의 '산시잔류'군으로 그 수는 2천 600명이었다. 1949년 4월 타이위안이 함락되면서 이들은 수용되었지만 낚시, 장기, 탄광노동에 내몰린 자, 기술자로 높은 임금을 지급받은 자, 체포되지 않고 노점상인을 한 사람들이 대부분이었다. 이나바 이사오가 "1949년 5월 중순부터 1950년 4월 상순까지 산시성 타이위안시 신성(新生)토목건축공사 공사대에서 대원으로 도로 수리에 종사하였습니다", 그리고 "1950년 6월 상순부터 같은 해 12월 11일까지 산시성 타이위안시 성내와 타이위안현 부근에서 가짜 의사로 의료공작에 종사하였습니다"라고 한 진술은 바로 체포 후 비교적 자유롭게 생활하고 있었다는 사실을 보여주고 있다. 그리고 이나바는 1950년 12월 융넨에서 수용되었다는 진술을 하고 있는데, 이는 비교적 자유롭게 생활하고 있던 포로들이 1951년 허베이성 융넨현 공산당군의 융넨군사훈련단에 순차적으로 수용되면서 변화가 있었던 사실을 보여준다. 수용자들은 이때부터 '노동', '학습', '탄백(坦白: 범죄 행위 자백)' 등을 하였다. 이들은 '탄백서'에 따라서 선생범죄의 내용과 반성 정도를 조사받았으며, 범죄행위가 무겁고 반성하지 않는 자들을 중심으로 격리시켜 그룹(직속 중대)을 만들었다. 이들 100명 정도가 중요 전범으로 간주되어 1952년 11월 타이위안 전범관리소로 이관되었다. 이 100명 안에 이나바 이사오가 들어있었던 것이다. 비교적 가벼운 죄를 저지른 자와 범죄를 시인하고 반성이 순조롭게 진척된 사람들 600명은 허베이성 이(易)현의 '시룽농장(西陵農場)'으로 이송되어 1953년부터 1954년에 걸쳐서 순차적으로 귀국하였다. 岡部牧夫·荻野富士夫·吉田裕, 『中国侵略の証言者たち－「認罪」の記録を読む』, 岩波新書, 2010, pp.5~7.

12 도사리회(どさり会)는 현재 미야기(宮城)현에 소재하고 있으며 산시성 다이(代)현의 독립혼성 제3여단 보병 제6대대(북지파견 조 제3582부대) 대원들의 전우회이다. www.military-culture.jp/database/search/index?page=115&q%5Balias_cont%5D=&q%5Bfield_cont%5D=&q%5Blocation_cont%5D=&q%5Bname_cont%5D=&q%5Bparty_cont%5D= のキャッシュ. 도사리회는 독립혼성 제3여단(獨三旅)의 앞 글자 발음을 따서 지어진 것으로 보인다.

13 1938년 2월 16일 성립된 민족혁명동지회(民族革命同志会)를 말하는 것으로 보인다. 민족혁명동지회의 전신은 자강구국동지회(自强救国同志会)였으며 회장은 옌시산이었다. 간부 구성은 고급간부위원과 간부위원 2계급으로 나뉘었으며, 양아이위안(杨爱源), 쟈징더(贾景德), 주스이광(朱绥光) 등 13명이 제1기 고급간부위원이었다. 민족혁명동지회는 역량을 집중하여 2전구의 동원공작을 하였으며 항전 승리 쟁취를 통하여 민족부흥을 표방하였으며, 공산당 및 진보세력을 억제하는 일에 집중하였다. 산시 항전 상황이 악화되면서 점차 반공의 도구가 되었다. 蔡鸿源·徐友春主编, 『民国会社党派大辞典』, 黄山书社, 2012, p.223.

로(金子傳三郎)에게 중대의 식량을 운반하기 위해 주민을 체포하라는 명령을 받았습니다. 이때 나는 노인은 안되니까 젊은 사람을 데려오라고 지시하였습니다. 그 후 부하병으로부터 이 마을 주민은 꾀병으로 오지 못한다는 사람들뿐이라는 이야기를 듣고 나는 기가 빠져서 일도 제대로 못한다면서 폭행으로 협박하여 체포하도록 지시하였습니다. 그 결과 병사들에 의해 주민 4명이 살해되었습니다. 그 후 체포한 주민 8명에게 쌀 약 40근과 건조야채를 각각 등짐 지도록 하고 같은 마을에서 약탈한 벌꿀 한 드럼(석유드럼)도 짊어지고 행군하도록 하였습니다. 55세 정도의 주민 한 명이 피로를 호소했지만 나는 행군 속도를 늦추어서는 안 된다고 생각해 부하 병사에게 명령하여 소총, 군화, 주먹 등으로 구타하면서 소대 전방까지 데리고 왔습니다. 그런데 판스 동남방 15킬로미터의 산 위 도로에 앉아서 휴식을 허락한 병사에게 나는 세워서 걷게 할 것을 명령하였습니다. 하지만 서려고 하지 않았기 때문에 소대가 멈춰버리면 중대장으로부터 질책당할 것을 염려해 병사에게 일어설 때까지 더욱 구타할 것을 명령하였습니다. 그 결과 병사에게 소총, 주먹, 군화, 돌 등으로 구타를 당하여 급기야 반죽음 상태에 빠져 출발할 때에 상등병 모 씨로 하여금 경사면에서 추락시켜 살해하도록 하였습니다. 또한 2월 22일에 판스 동남쪽 약 20킬로미터 지점의 어느 마을을 급습했을 때 대장 시카마타 슈이치(鹿又秀一)의 명령을 받고 소탕작전을 하였습니다. 나는 소대원에게 주민 체포를 명하여 주민 10여 명을 체포하였습니다. 동시에 민가를 수색하던 중 새로운 면옷이 있는 것을 보고 숙영 시 잠잘 때 사용할 생각으로 약탈을 명하여 면옷과 양피 적삼[14] 10여 건을 약탈하였습니다.[15] 체포한 주민은 중대장 밀정 란(蘭)모 씨에게 정보조사를 시킨 후 석방시켰습니다. 3월 1일 판스현 다잉(大營)진 서북쪽 10킬로미터 어느 마을에서 점심을 먹었을 때 나는 부하 병사에게 부식품의 약탈을 명령하였습니다. 돼지고기 약 50근과 채소 약간을 약탈하였으며 부하에게 명령하여 연료용으로 민가의 문짝 1개와 창틀 한 곳을 파괴하여 불피우게 하였습니다. 또한 같은 날 같은 마을 서북쪽 2킬로미터 지점의 어느 마을에서 중대장 시카마

---

14 大掛兒로 표기되어 있는데, 중국어 单挂儿=적삼의 오기로 추정됨.

15 일본의 역사학자 가사하라 도쿠시는 "중일전쟁 당시의 일본 군대가 식량물자의 현지조달이라는 약탈주의를 채용한 전근대적 군대였던 탓에 중국 민중들을 적대시하는 폭행을 작전으로서 병사에게 강요한 사실이 중국 여성의 정조 약탈행위를 유행하게 했다"라고 하였다. 전범들의 약탈에 대한 진술은 일본 군대의 '약탈주의'를 잘 드러내 보여주고 있다. 가사하라 도쿠시(笠原十久司), 「중국전선의 일본군 성범죄」, 강혜정 역, 『일본의 군'위안부'연구』, 동북아역사재단, 2011, p.275.

타 슈이치의 명령을 받고 산상에 피난 중인 주민 남자 한 명을 체포하였으며, 팔로군의 정보를 조사한 후 판스현 샤오난거우(小南溝)촌까지 길 안내 노역을 시켰습니다. 그 후 그 주민은 숙영 중 도망하였습니다. 또한 나는 같은 마을에서 숙영 중 전령병에게 명하여 문설주 하나를 파괴하여 난방용으로 불을 피우도록 하였습니다. 3월 2일 판스현 다난거우(大南溝)촌 서북 방향 2킬로미터 지점의 팔로군 합작사를 급습했을 때 우리 소대가 그 마을을 소탕하러 나갔습니다. 그때 나는 민가에서 직경 10여 센티미터의 둥근 형태의 지뢰를 발견하고 부대가 철수한 후에 주민이 돌아와서 불을 피울 때 폭사시키고자 그 민가의 아궁이 안에 부설하였습니다. 또한 같은 날 같은 합작사 남쪽 3킬로미터 지점의 어느 마을에서 자물쇠를 걸어둔 민가 2채를 병사를 시켜 소총으로 파괴하였습니다. 더욱이 같은 날 대대 본부로부터 판스현 다난거우촌 남쪽 5킬로미터 지점부터 판스현 룽츠허(龍池河)촌에 이르기까지 강제징용된 주민 30명으로 구성된 식량 수송대의 호송 명령을 받았습니다. 나는 부하 15명을 지휘하여 행군 속도를 높이기 위해 호송 중 피로 때문에 휴식하는 주민 및 낙오한 주민에 대하여 부하들에게 구타할 것을 명하였습니다. 그 결과 적지 않은 주민에게 소총 혹은 주먹으로 구타하고 폭행을 자행하였습니다. 3월 4일 오후 5시경 판스현 다잉(大營)진 성내에서 숙영을 위해 민가에 갔을 때 그곳 주민인 노부인과 아이가 달리 살 곳이 없어서 안 된다면서 나가지 않았습니다. 나는 전령병에게 명하여 소총으로 협박하여 밖으로 쫓아내는 폭행을 자행하였습니다. 또한 3월 5일 오전 5시경 판스현 ○○○촌을 중대 주력으로 새벽녘에 공격했을 때 나는 중대장 가네코 덴자부로의 명령을 받고 부하 병사 5명을 지휘하여 이 마을 동북의 움푹 파인 구덩이에서 피난하고 있던 부녀 10명을 체포하여 중대 본부에 넘겨주었습니다. 그때 중대장에게 나귀와 말을 약탈하라는 명령을 받고 지휘반 및 소대에 재차 명하여 나귀와 말 20마리를 약탈하였습니다. 나아가 이 마을을 출발할 때 중대장에게 중대의 위안소를 만들 목적으로 체포한 부녀 중 연령 17~20세까지 20명을 데리고 가라는 명령을 받았습니다. 나는 주민이 낙오하지 않도록 전원의 손을 마끈으로 서로 연결하여 두 줄로 묶어서 이 마을을 출발하였습니다. 하지만, 걷는 것이 늦어져서 마끈을 말안장에 묶어서 말을 달리게 하였습니다. 그 결과 차례로 쓰러져서 적지 않은 주민이 타박상을 입었습니다. 그 후 마끈을 잡고 중대의 가장 앞에 세우고 걸어가도록 하면서 후방에서 부하 병사에게 명령하여 뒤쳐지는 주민을 소총과 주먹으로 구타하도록 하였습니다. 거의 구보 상태로 다잉진까지 데리고 가는 폭행을 자행하였습니다. 이 주민들은 그 후 다잉진촌 사무소에서 중대장이 흰 베와 교환하여 석방하였습니다. 또한 3월 10일경 판스현 스즈핑(獅子坪)에서 숙영 중 전령병에게 명하여 난방을 하도록 하였는데 상당히 많은 양을 불태웠기 때문에 지붕으로 불이 옮겨붙었는데, 나는 그대로 둔 채로 집을 옮길 것을 명하였습니다. 그 후 전령병에 의해 연소된 지붕의 서까래 2개를 태웠습니다. 다음 날 아침 10시경 연료 수집 목적으로 이 마을 동북쪽 1킬로미터 지점의 어느 마을에 지휘반 병사 7, 8명을 데리고 가서 수숫대 600근 정도를 약탈하여 이를 스즈핑까지 운반하는 일에 이 마을 주민 남자 약 50명을 강제로 징용하였습니다. 3월 15일 아침 8시부터 오후 6시에 이르는 사이에 나는 판스에서 다이(代)현 대대 본부까지 식량(좁쌀) 수송을 맡아 판스의 주민 15명을 마부로 징용하고 마차 15대를 강제로 사용하였습니다. 또한 2월 20일부터 3월 22일까지 사이에 판스, 판스현 샤오난거우촌, 판스현 롱츠허촌 등 부근에서 행동하던 중 부하 병사에게 명령하여 밀가루 1만 500근, 좁쌀 7천 500근, 닭 18마리, 연료(수숫대 및 목재) 5백 50근, 고량주 15근, 그 외 채소류 약간을 민가에서 강탈하였습니다.

1945년 4월 5일 산시성 다이현 독립혼성 제3여단 보병 제6대대 본부교육대에서 분대장, 소대장, 중대장교육을 받고 있었을 때 나는 병과 견습사관이었습니다. 이때 대대장 사사누마 덴(笹沼傳)으로부터 대대 본부에 구류하고 있던 팔로군 포로 5명을 초년병의 간담을 키우기 위해 사살하도록 명령받았습니다. 나는 '사람을 사살하는 일은 처음이다. 좋은 기회다'라고 생각해 견습사관 스즈키 마사미(鈴木正美), 제2중대 하사관 오장 1명, 군조 1명, 초년병 15명을 지휘하여 오후 1시 다이현성 밖 동북쪽에서 총검술 훈련을 하였습니다. 나의 명령으로 초년병 전원 및 오장 1명이 팔로군 포로 5명을 총검으로 사살하였습니다. 살해한 후 일본군에게 거역하는 자는 모두 죽인다는 것을 주민들에게 본보기로 보여주려고 초년병 1명에게 명령하여 볏짚 재단기로 전원의 머리를 잘라서 북쪽 성벽 위에 걸어두었으며, 시체 위에는 대대 본부 통역관 다카키(高木) 아무개가 가져온 반공선전 삐라를 붙여 두었습니다.

1945년 5월 중순부터 같은 해 8월 하순까지 독립혼성 제3여단 보병 제6대대 병과 견습사관 통신대장 대리로서 5월 26일 허난성의 갈림길에서 부하 병사에게 명하여 마을 골짜기에 숨어 있던 소 3마리를 끌고 와서 도살하여 부식으로 먹었습니다. 5월 28일 대대장 사사누마 덴의 명령을 받고 나는 군조 마루야마 기스케(丸山儀助)를 대장으로 병사 20명을 편성하여 허난성 갈림길에 있는 이층 건물 약 20칸의 묘(廟)를 파괴하여 묘를 만드는 데 사용된 목재 전부를 취사용 땔감으로 불태웠습니다. 또한 6월 중순부터 허난성 타이양(太陽)을 건널 때, 황하를 건너면서 태양촌의 사공 13명과 배 한 척을 강제로 징용하였습니다. 7월 상순 산시성 룽허(榮河)현 판(范)촌에서 오전 4시 반경 동틀 무렵에 이 마을을 공격할 때 나는 부하 병사에게 명하여 소 한 마리, 우차 1대를 강탈하였습니다. 8월 10일경 산시성 핑야오(平遥)현 샹러(香樂)진에서 대대 본부 부관 촨징샹(船競享)으로부터 항일군 포로 20명을 핑야오여단 사령부로 호송하는 일을 명령받았습니다. 그때 나는 군조 마루야마 기스케를 대장으로 병사 15명으로 호송대를 편성함과 동시에 만일 놓쳐버리기라도 한다면 자신이 군법회의에 부치면 큰일이라고 생각해 출발할 때 군조 마루야마 기스케에게 만약 도망하는 자가 있다면 사살하라고 명령하였습니다. 그 결과 핑야오 줘쟈바오(左家堡) 부근에서 도망하려고 한 1명이 마루야마 기스케의 권총에 사살되었습니다. 이것은 마루야마 기스케가 돌아온 후 그의 보고를 받았습니다. 또한 5월 중순부터 8월 하순에 이르는 사이에 허난성 갈림길에서 허우스바(後18番)촌, 산시성 룽허(榮河)현 쑨지(孫吉)진, 판(范)촌, 베이징(北景)촌, 핑야현 샹러진 및 타이위안현 부근에서 행동하던 중 부하 병사에게 명하여 연료(수숫대 및 목재) 380근, 흰 베 10여 필(그중 한 필은 내가 강탈), 밀가루 150근, 백면 한 포대, 호박 화물차 약 3분의 1 분량을 강탈하였습니다. 또한 7월 중순부터 8월 상순에 이르는 사이에 산시성 핑야오현 샹러(香樂)진에서 현 사무소의 밀 수확을 원호하였습니다. 그때 제1군 사령부의 명령으로 대대장 사사누마 덴 및 각 중대장과 함께 샹러진 서북쪽 15킬로미터 지점 어느 마을에서 옌시산군과 밀 수확 지역 획분 교섭에 참가하여 밀 수확을 용이하게 하였습니다. 또한 약 2주간 걸어서 군조 마루야마 기스케를 대장으로 하여 병사 20명으로 원호대를 편성하여 현 사무소에서 밀 수확 경비를 하도록 하였습니다.

이상 나는 일본군 시절에 팔로군 포로 5명을 사살하고 항일군 포로 1명을 사살, 주민 남자 5명을 참살하였습니다. 또한 주민 남자 77명, 여자 22명을 강제징용하여 고역에 쓰거나 폭행을 하였습니다. 묘(廟) 한 채, 민간문짝 4개, 창틀 3개, 문설주 하나를 파괴 혹은 불태우고 직경 10여 센티미터의 지뢰를 민가에 부설하였습니다. 또한 채소밭 50평방미터를 파괴하고 밀 1만 650근 좁쌀 7천 500근, 백면 한 포대, 소 4마리, 나귀와 말 20마리, 우차 한 대, 닭 18마리, 연료(수숫대 및 목재) 1천 530근, 벌꿀 한 드럼 (석유드럼), 의류 10여 건, 흰베 10여 필, 돼지고기 50근, 고량주 15근, 트럭 3분의 1의 호박, 채소류 약간을 민가에서 강탈하였습니다.

1945년 9월 20일부터 1946년 2월 28일까지 나는 산시성 다이현에서 독립혼성 제3여단 보병 제6대대 소위 통신대장으로서 통신 연락을 담당하였습니다. 그때 10월 1일부터 3일에 이르는 동안 조장(曹長) 마루야마 기스케 및 병사 20명을 지휘하여 다이현에서 반정바오(半政堡)까지 유선을 부설하고 있었습니다. 이때 치리푸(七里鋪), 마팡(馬坊)진, 양밍바오(陽明堡) 일대의 주민들로부터 전주용으로 나무 50그루를 징발함과 동시에 주민 50명을 강제징용하여 나무 운반, 전주를 세우기 위하여 구멍파기, 선깔기를 시켰습니다. 동작이 느린 주민에 대해서는 부하병에게 명령하여 소총과 주먹으로 구타하도록 하였습니다. 10월 2일 양밍바오 북쪽의 밭 안에서 유선을 구성하던 중 나는 데리고 있던 군견(이름은 커례[苛烈])이 얼마나 말을 알아듣는지 시험해보려는 생각으로 도로 위를 통행 중인 농민 부녀 한 명을 덮치게 해 오른팔을 물어 상처를 입혔습니다.

1945년 10월 20일 유선이 절단되었을 때 나는 조장 마루야마 기스케 및 병사 20명을 지휘하여 오전 10시경에 다이현 치리푸촌에서 상황조사를 하였습니다. 이때 지뢰로 병사 한 명이 부상을 입었는데 때마침 현장에 온 치리푸촌의 촌장한테서 조장 마루야마 기스케에게 팔로군 정보를 알아내도록 하였습니다. (촌장이-역자) 모른다고 하여 나는 이 자들도 한패가 되었다고 생각해 마루야마 기스케와 병사 3명에게 소총, 주먹, 단화 등으로 구타하도록 하여 반죽음 상태를 만들었습니다. 그 후 나는 재차 전선을 자르지 못하도록 본보기를 보이기 위해 머리만 내놓고 생매장하였습니다. 당시 각혈을 하는 반죽음 상태에 있었던 것과 수일 후 그 지역에 전선을 보수하러 갔을 때 새로운 묘지가 생겨난 것에서 되었다는 것(죽었다-역자)을 알 수 있었습니다.

1946년 2월 상순 다이현 북문 밖 후퉈하(滹沱河) 도하 지점에서 오후 3시경 나는 전령병 스즈키 료이치(鈴木良一)와 둘이서 비둘기 사냥을 하고 있었습니다. 맞은편에서 길을 걷고 있던 주민 한 명을 발견하여 소총의 조준율을 시험해보고자 생각해 200미터 거리에서 총을 쏘아 사살하였습니다. 당시 나는 발사함과 동시에 맞은편에서 쓰러지듯이 사라지는 모습을 잠시 보고 있었습니다만 다시 모습을 보이지 않았기 때문에 사살되었다고 추정합니다.

1945년 9월 20일부터 1946년 2월 28일까지 다이현의 치리푸, 양밍바오, 반정바오, 다이현 둥관(東關) 부근을 행동하던 중 부하 병사에게 명령하여 연료(수숫대와 목재) 350근, 닭

6마리를 강탈하였습니다.

1946년 2월 중순부터 같은 달 28일까지 나는 대대 본부 유용(留用)주임을 겸임하여 여단 사령부의 지시에 근거하여 각 중대에 대해서 잔류운동을 할 것을 지시하였습니다. 동시에 잔류자 명부를 작성하고, 또한 대대 본부 주보(酒保)에서 다이현에 있는 하사관을 모아서 좌담회를 열었습니다. 잔류자에 대한 제2전구 장관부(第2戰區 長官部)가 발행한 대우에 관한 선전 삐라를 전달하여 한 명이라도 더 많은 병사를 잔류시키도록 지시하고 잔류공작을 행하였습니다.

1947년 2월 상순 제2전구 기갑대(第2戰區 機甲隊) 중령 통신 을(乙) 참모로서 펀샤오(汾孝) 작전에 참가하였습니다. 그때 산시성 펑야오현 줘쟈바오(左家堡)의 서쪽 약 2킬로미터 지점의 어느 마을에서 팔로군을 발견하고 나는 참모장 모리노(守野) 아무개에게 포격할 것을 제안하여, 보병포 2문(門)으로 해당 마을에 5발을 발사하였습니다. 이층 건물의 민가 한 채와 민가 두 채를 파괴하고, 마찬가지로 줘쟈바오 서남쪽 500미터 지점의 어느 마을에서 3발을 사격하고 민가 한 채를 파괴하였습니다. 폭격으로 인한 살상에 대해서는 불명확합니다.

1947년 2월 22일 제2전구 기갑대 중령 통신을 참모로서 펑야오 원수이(文水)지구작전에 참가 중 원수이현 베이궁(北宮)진에서 부사령 한장빈(韓丈彬), 참모 장(張)모 씨에 의하여 체포된 둥쥬청(東舊城)촌 주민 3명에 대하여 전차련(戰車連) 유자와(湯澤) 아무개가 한 사람만 더 죽이면 딱 100명이 된다며 죽이게 해달라는 이야기를 해달라는 의뢰가 왔습니다. 나는 참모장 모리노 아무개에게 유자와에게 한 명 죽이도록 해도 좋지 않을까하는 의견을 내었습니다. 그 결과 특무소대 중사, 참모 장(張) 아무개와 탕(唐) 아무개에게 권총으로 3명 모두 사살당하였습니다. 다음 2월 23일 오전 10시경 베이궁진 남쪽 2킬로미터 지점에 있는 어느 마을의 전방 500미터 지점에서 같은 마을 주민이 동서로 도망가는 것을 발견하였습니다. 부사령 한장빈으로부터 명령을 받고 같은 마을 남쪽 100미터 지점에서 자동차를 세웠습니다. 나는 지휘관 차의 경비병에게 사격을 명함과 동시에 이어서 특무소대, 보병연대를 같은 마을 서북에 재차 배치하고 도망가는 주민을 사격하도록 하였다. 그 결과 주민 남자 2명을 사살하였습니다. 동시에 부사령이 직접 장갑차로 추격을 명령하여 주민 남자 1명을 사살하였습니다. 이상에 대해서 사격 종료 후 보병연대 부연대장으로부터 보고를 받았습니다.

1948년 3월 하순 나는 타이위안 제2자원조사사(주임은 이케다 유우[池田勇])에 중령 정보

공작원으로 들어가 산시성 원수이현지구의 팔로군 정보를 수집하는 임무를 받았습니다. 3월 하순부터 8월 11일까지 원수이현 성내에서 주재하며 원수이현 민위군(民衛軍) 사령부 중령교관을 겸임하던 중 3월 하순부터 8월 11일에 이르는 사이 팔로군 병력 배치 요도(要圖), 팔로군 지휘계통도를 작성함과 동시에 원수이현 69사(師)정보실, 민위군참모처, 경찰서정보실, 편의대(便衣隊)[16]정보실, 특종경헌지휘처(特種警憲指揮處) 원수이현 파출소, 현정부정보실, 제1자원조사사 원수이현연락소, 룽취안(龍泉)촌 촌공소정보실, 편의대 밀정 왕모, 유모, 이모 등으로부터 원수이지구 주변에서 행동 중인 팔로군의 부대명, 병력, 장비, 지휘관명, 목적, 진출 방향 등에 관한 정보를 수집하여 이를 난동푸(南同浦)지구 약도에 기입하여 매주 약 2회에 걸쳐 타이위안의 본사로 우송하였습니다.

1948년 4월 상순부터 같은 해 8월 11일에 이르기까지 나는 원수이 성내 타이쯔쓰항 4호(太子寺巷 四號)에서 남편이 부재중인 부인 한○○(韓○○)에 대해서 전후 십수 회에 걸쳐 간통을 행하였습니다.

1945년 4월 25일경 편의대 밀정 류(劉) 아무개로부터 "팔로군이 우물 안에 독을 넣어 그 때문에 원수이 부근 촌민이 다수 살해되었다"는 이야기를 들었다. 나는 주민에게 팔로군에 대한 적개심을 갖게 할 목적으로 원수이현 성내 타이쯔쓰항의 주민 및 원수이현 여자소학교 교원 왕푸하이(王福海)에게 "팔로군이 원수이지구 우물에 독을 넣어 촌민 다수를 독살하였다. 모두 주의하여 잘 모르는 우물물 같은 것을 마시면 안 된다"는 이야기로 반공활동을 행하였다. 그 결과 주민 및 학생에게 팔로군에 대한 공포심을 심어주었으며 또한 우물의 감시를 위해 적지 않은 주민의 일을 방해하였습니다.

1948년 5월 상순 원수이현 민위단(民衛團) 사령부에서 신병교육 중 사령부에 구류되어 있던 팔로군 포로 5명을 보고 나는 일본군 시절에 초년병의 담력훈련을 위하여 (팔로군을) 사살한 일을 떠올렸다. 그리고 신병의 담력을 키워주기 위하여 부사령 장쿤(張琨)에게 "팔로군 포로를 신병의 총검술 과녁으로 (사용하여) 찔러 죽여도 좋다"는 의견을 내었다. 그때 제2총대장

16 중일전쟁 시 중국에서 평복을 입고 적지로 잠입하여 각종 선전과 암살, 파괴, 습격 등을 행한 중국인 특수부대를 말한다. 1933년 7월 국민당군이 악예완(鄂豫皖=후베이, 허난, 안후이) 근거지에 대한 제5차 '위소(围剿)'작전으로 대대적인 공격을 행하였다. 이에 대응하여 세력을 보존하기 위하여 중국공산당 훙안(红安)현과 셴쥐구위(仙居区委)에서 처음으로 등장하였다.

상(尙) 아무개로부터 군도의 감정을 의뢰받았는데, "구류하고 있는 팔로군을 군도로 시험 삼아 베어도 좋다"고 살해하라는 의견을 제출하였습니다. 그 결과 포로 5명은 제2총대장 상 아무개의 지휘 아래 한 명은 상 아무개의 군도에 의해 베어 살해되고 4명은 병사에 의해 사살되었으며, 그 후 병사에 의해 엽도(葉刀)로 목을 베어 동관에다 목을 내걸었습니다. 살해 당시 나는 병중에 있어서 교관 카메다 히로시(龜田博)를 파견하였으며, 돌아와서 보고를 받고 수일 후 동관에 가보았을 때 목이 걸려 있는 것을 보았습니다.

1948년 6월 중순 원수이현 민위단 사령부에서 신병을 교육하던 중 제7연대장, 이 아무개에 의하여 체포된 팔로군 공작원 한 명에 대해서 나는 부대 안에 팔로군 같은 게 있으면 자신의 목숨이 위험하다고 생각하였습니다. 연대장 이 아무개에게 "죽여서 없애 버려, 게다가 잘 조사하도록"이라고 이야기하고, 그 사람을 살해하도록 선동하였습니다. 그 결과 동관 동쪽에 있는 밭에서 몽둥이로 마구 때려 살해하였습니다. 또한 마찬가지로 7월 하순 기창련(機槍連) 연장(連長) 취(曲) 아무개에 의해 체포된 팔로군 공작원 1명에 대해서도 살해할 것을 선동한 결과 동관 남측에서 연장 취 아무개에 의해 권총으로 사살되었습니다.

1948년 6월 하순 교육 중이던 신병 100여 명을 지휘하여 수류탄 100발로 실탄연습을 하기 위하여 장수이(丈水)현 북문 밖의 채소밭에서 일하고 있던 농민 남자 1명을 협박하여 돌아가게 하고 채소밭 약 30평방미터를 파괴하였습니다.

1948년 7월 13일부터 같은 해 8월 11일에 이르기까지 장수이현에 와 있던 우시와타 사부로(牛渡三郞)의 의료기계, 약품 등을 가지고 여자소학교, 타이쯔쓰항의 주민 등에게 의료업무로 반공선전을 하였습니다. 또한 편의대 밀정 왕 아무개 및 아내, 밀정 유 아무개의 치료를 하였습니다. 그사이 팔로군과 주민들 사이를 이간시킬 목적으로 "쟈오청(交城)에 팔로군이 들어왔을 때 다수의 청년이 끌려갔다"는 이야기를 하며 반공활동을 하였습니다.

1948년 7월 25일경 나는 우시와타 사부로와 함께 타이쯔쓰항 남쪽 주민 모 씨의 유아를 치료하였는데 호흡이 불안정한 그에게 강심제[17]가 얼마나 효력이 있는지 시험해보고자 강심제 하나를 흉부에 주사한 후 어떠한 처치도 하지 않고 방치하여 다음 날 아침에 죽음에 이르게 하였습니다.

---

17 일본어는 カンツル, 중국어 번역본 표기가 강심제(强心劑).

1948년 8월 10일 장수이현을 철수할 때 나는 타이쯔쓰항의 주민 및 여자소학교 교원, 왕푸하이에게 팔로군에 대한 공포심을 갖게 할 목적으로 "남아 있으면 팔로군이 온 뒤에 죽임을 당할 것이다"라고 반공선전을 하였습니다. 그 결과 학생 약 50명과 교원 전부를 타이위안으로 데리고 가도록 하였는데 도중 쟈오청 서쪽 산중 어느 마을에서 발열한 교원 왕모 씨를 남겨두고 왔습니다. 타이위안에 온 이후 생활고로 인하여 학생 웨추이잉(岳翠英) 외 2명으로부터 취직을 의뢰받고 웨추이잉을 우시와타 사부로의 잡역부로 소개하였는데, 그 결과 눈치료 중에 동일인에 의해 강간당하였습니다. 또한 나는 교원 왕푸하이에게 군대에 들어갈 것을 선동하였으며 그 사람과 적지 않은 학생들을 군대로 들여보냈습니다. 또한 학생들에게 먹고살기 위하여 자신의 몸을 팔아서 생활하도록 시켰습니다.

1948년 9월 하순 나는 자원조사사를 다시 편성하기 위하여 "책임자 쓰지 무네모리(辻宗盛), 나카시마 도시오(中島壽男)에게 협력하여 통신소를 설치하였습니다. 편성 후에는 라디오 수신계 중령으로 모스크바, 인도 델리, 동북 방송의 일본어 방송을 수신하고 특히 해방군의 상황을 수집하였습니다. 또한 매주 2회 회동에 참가하였으며 민가에서 얻은 민중 동향에 관한 정보를 제공하고, 타이위안 주변의 해방군 진출에 대하여 십총대 군일단(十總隊 軍一團), 69사(師)로부터 정보를 수집하였습니다.

1948년 11월 하순 타이위안시 신청베이가(新城北街)의 자원조사사 사택에서 쓰지 무네모리로부터 해방 후 타이위안–난징–상하이 간 무선정보 연락에 참가하지 않겠는가 하는 이야기를 듣고 나는 미야케 요시오(三宅良夫)를 암호수로 조직함과 동시에 쓰지 무네모리에게 모르스부호, 무선기 설치법 등에 관하여 가르쳤습니다. 결과적으로는 그 후 쓰지 무네모리에게 연락이 없어 실제로 행하지는 않았습니다.

1948년 11월 30일 타이위안시 신청베이가 자원조사사 사택에서 십총대(十總隊)위안소의 허위란(何玉蘭)을 기만하여 한 달 동안 데리고 살았으며 그 후 재차 위안소로 보내 '위안부'를 시켰으며 해방 후 재차 동거하였으며 그사이 그 여성에게 지시하여 내가 의사라는 사실을 선전하도록 시켰습니다. 동시에 우시와타 사부로에게 19세 량위펑(梁玉蓬)을, 미야케 요시오에게 35세 정도의 어떤 사람의 아내를 데리고 와서 간통시켰습니다. 또한 1950년 7월에 허위란을 20만 원에 파는 일에 동의하여 그중 2만 원을 자신의 것으로 만들었습니다.

이상 나는 옌시산군대에 있던 시기에 팔로군 포로 4명, 팔로군 공작원 1명, 주민 남자 5명을 사살하고 팔로군 포로 1명을 참살하였으며, 팔로군 공작원 1명, 주민 남자 5명을 사살하였으며 치료 중인 주민 남자 1명을 살해하였습니다. 또한 주민 남자 50명을 강제징용하여 고역에 썼으며 나무 52그루, 연료(수숫대 및 목재) 350근, 닭 6마리를 민가에서 강탈하였으며 주민 부녀 1명에게 상해를 입혔으며 민가 4채를 포격하여 파괴하였습니다. 또한 부녀 1명을 간통하였으며 채소밭 30평방미터를 파괴하였습니다. 더욱이 유용주임의 신분으로 투항 후 잔류 활동에 종사하였으며 타이위안 자원조사사에서 장수이현 및 타이위안지구에서 팔로군의 정보를 수집하면서 아울러 반공선전 활동을 행하였습니다.

해방 후 나는 돈을 벌기 위해서 주민을 기만하고 의사를 사칭하였습니다. 1949년 10월 하순 타이위안시 나이성당(奶生堂) 5호에서 어린 여자아이 1명의 왼쪽 눈에 하얀 막이 끼어있는 것을 타이위안시 상마가(上馬街) 황먀오시항(皇廟西巷) 1호의 다카나시 다케오(高梨丈雄)에게 받은 백색 결정체 약품과 짠 소금을 수도의 불결한 물로 끓여서 이것으로 눈을 씻게 하여 그 때문에 부어올라 실명시켰습니다.

1950년 1월 타이위안시 샤오하이쯔(小海子) 19호(十九號)에 사는 26세 허웨밍(何月明)이라는 여자가 허리가 아프다고 하니까 필경 좌골신경통일 것이라고 생각하였습니다. 제멋대로 판단을 하여 간트리신[18] 12개를 주사하였지만 효과가 없어서 중지하였습니다. 그러나 10월이 되어 병 상태가 악화되었다고 듣고 뜸을 놓았습니다. 그 결과 치료 시기를 놓치고 치료 불능의 폐기물(殘廢)로 만들어 버렸습니다.

1950년 5월 하순부터 같은 해 6월에 이르는 사이에 타이위안현 성내 19세 남자에 대하여 폐병을 치료하면서 프로카인 8대, 련미소(鏈黴素) 1대를 주사하였습니다. 이때 바늘이 정맥에 제대로 들어가지 않을 경우 기술이 나쁘다는 소리를 듣고 싶지 않다는 생각을 하였습니다. 이에 혈액검사를 한다고 말하고 그 사람의 모친을 속여서 주사도 놓지 않고 피가 섞인 액을 가지고 돌아가는 중 노상에 버렸습니다. 또한 위독한 상태가 되면서부터는 죽음에 연루되면 큰일이라고 생각해 그 후 처치하지 않고 방임하여 죽음에 이르게 하였습니다.

1950년 5월 하순 타이위안시 스미(石米)시의 석탄상인 집에서 의료 중 알게 된 허저우장(何周長), 멍리셴(孟立憲), 레이즈푸(雷之復) 등에게 "팔로군이 와도 지금의 화폐 가치가 하락하

---

18 ガントリシン = Gantrisin, 요로 감염 치료에 사용되는 황화나미드로 브랜드명이 간트리신이다.

고 옌시산 당시와 마찬가지일 것이다"라고 하면서 일본군 부활론으로 반공선전을 행하였습니다.

1950년 7월 상순 타이위안현 진성(金勝)촌의 부녀 아무개에 대하여 월경이 없는데 아이가 생겼는지 묻는 질문을 받고, 나는 적당하게 말하면 된다고 생각해 하복부 부분을 돌려가며 눌러서 그 결과 지압 때문에 유산하게 되었습니다.

1950년 7월 중순 타이위안시 스미시의 곡물공장의 공인 아무개의 아내가 음독 자살을 했을 때 나는 그 사람 왼쪽 팔에 캠퍼(camphor)[19]주사를 한 대 놓은 후에 다시 오겠다고 말하고 돌아갔습니다. 의사 사쿠라이 신이치(櫻井真一)에게 치료 방법을 물었는데, 장을 씻어내지 않으면 안 된다고 하였습니다. 하지만 나는 죽기라도 한 후에 관련되면 좋지 않다고 생각하여 처치도 하지 않고 그대로 방치하여 죽음에 이르게 하였습니다.

1950년 8월 상순 타이위안시 시양(西羊)시 기름상인의 공인 아무개가 위궤양으로 치료하러 왔을 때 수의용 아트로핀[20] 한 대를 주사하였는데, 주사와 동시에 의식불명이 되어 위독한 상태에 빠졌으며 그 후 수개월간의 요양이 필요한 상해를 입혔습니다.

1950년 11월 하순 타이위안시 다톄장항(大鐵匠巷) 50호의 리마오산(李茂山)이 병에 걸렸는데 나는 필경 위궤양일 것이라고 병자의 이야기에서 적당하게 판단하였습니다. 아트로핀 수십여 대, 포도당칼슘 5대, 포도당 10대를 주사하고 그사이에 바늘이 정맥에 들어가지 않았던 것에 대하여 기술이 안 좋다는 말을 듣고 싶지 않아서 약 1cc의 혈액을 취하여 검사한다고 가족을 속였습니다. 또한 병 상태가 악화되어도 처치하지 않고 방임한 결과 죽음에 이르게 하였습니다. 당시 나는 (그 사람이-역자) 돈도 없어 보였기 때문에 주사하면 손해라고 생각해 방임하였습니다.

1950년 12월 9일 타이위안시 다톄장항 50호에서 의료 중 알게 된 허얼훠(賀二貨), 한위잉(韓玉英), 왕(王) 아무개 등과 함께 일본군 부활론으로 반공선전을 하였습니다. 또한 집중학습 시 오랜 기간 도망계획을 세우면서 동시에 일본인 사이에서 "어디로 데려갈지도 모르는데 도망가는 것이 좋다"라고 하면서 집중학습을 파괴하는 활동을 하였습니다.

---

19 장뇌. 의약품·비닐 제조·좀약 등에 쓰이는 하얀 물질.

20 유독성 알칼로이드, 경련 완화제.

1948년 12월부터 1950년 12월 카페인 175그램, 설정(雪丁) 112그램, 포도당 분말 225그램, 스테롤 31그램, 아편 8전 7부 등 아편을 밀매하여 적지 않은 금전을 취하였습니다.

1949년 2월부터 1950년 12월까지 가짜 의사로 주민을 기만하여 은원 22원, 인민권 51만 원 정도의 금전을 취하였다.

이상 나는 해방 후에 가짜 의사로 치료를 통해 주민 남자 2명, 여자 1명을 살해하고 주민 남자 1명, 여자 3명에게 상해를 입혔습니다. 그사이에 백양 23원, 인민권 51만 원 정도를 취하고 나아가 의료를 통해서 타이위안 성내에서 반공선전 활동을 하였습니다. 또한 카페인 175그램, 설정 112그램, 포도당 분말 225그램, 스테롤 31그램, 아편 8전 7분을 밀매하여 적지 않은 금전을 취하였습니다.

이상 나는 일본군, 옌시산군, 해방 후를 통해서 팔로군 포로 4명, 팔로군 공작원 1명, 항일군 포로 1명, 주민 6명을 사살하였으며, 팔로군 포로 1명을 사살하고 팔로군 포로 5명을 찔러 죽였으며, 팔로군 공작원 1명, 주민 6명을 참살하였습니다. 치료 중 주민 4명을 살해하였습니다. 또한 주민 149명을 강제징용하여 고역에 사용하거나 폭행을 행하였습니다. 민가 4채를 포격하여 파괴하고, 민가의 문짝 4개, 창틀 3개, 문설주 1개 및 묘 1채를 파괴하여 연료로 사용하고 채소밭 80평방미터를 파괴하였습니다. 또한 군견으로 주민 1명, 치료에 의해 주민 4명에게 상해를 입히고 그 외 밀가루 1만 650근, 좁쌀 7천 500근, 국수 1포대, 소 4마리, 나귀와 말 20마리, 우차 1량, 닭 24마리, 연료(수숫대 및 목재) 1천 880근, 벌꿀 1드럼(석유드럼), 의류 10여 건, 면포 10여 필, 돼지고기 50근, 고량주 15근, 트럭 3분의 1 정도의 호박, 나무 52그루, 채소류 약간을 민가에서 약탈하고 민가에 지뢰 1개를 부설하였으며, 주민 1명을 간통하였습니다. 나아가 유용주임으로 투항 후에 잔류 활동을 하였으며, 타이위안 자원조사사에서는 타이위안 및 장수이현 지역에서 팔로군의 정보를 수집하였으며, 반공선전으로 주민과 팔로군 사이를 이간질하는 활동을 행하였으며, 해방 후에는 반공선전 활동을 하였습니다. 또한 아편, 카페인 175그램, 설정 112그램, 포도당 분말 225그램, 스테롤 31그램, 아편 8전7부를 밀매하여 적지 않은 금전을 취하였습니다. 또한 가짜 의사로 주민을 속이고 기만하여 은원 22원, 인민권 51만 원 정도의 금전을 취하였습니다.

이상 나는 맹목적으로 천황을 숭배 찬양하고 천황에게 충절을 다하는 일이 유일한 길이며, 군인이 되는 일이 가문의 명예라고 생각해 장교까지 지원하였습니다. 그리고 중국을 침략하여 중국 인민을 열등시하여 일본인이 중국을 지배하는 것이 (당연하다는) 편협한 민족관 아래서 중국 인민, 중국공산당, 팔로군을 적이라고 생각하였습니다. 한 사람이라도 많이 살해하는 것이 가장 용감하고 영예롭다는 사상 아래서 나는 해방군 전사 및 평화로운 주민 29명을 사살, 자살, 참살하였습니다. (팔로군 포로를) 살아 있는 과녁으로 삼아 초년병의 찔러 죽이기 실험 대상으로 삼는 등 완전히 인간성을 잃은 비인도적 살해를 범하였습니다. 뿐만 아니라 평화로운 농촌에 가서 농민이 노동하여 만든 식량을 약탈하고 집을 파괴하여 태우고 의식주를 약탈하여 생활 방도를 잃게 하였습니다. 다수의 평화로운 주민을 무력으로 노역시키고 피로에 지치면 죽여 버리는 등 귀축과 같은 죄악을 범하여 중국 인민을 가장 참혹하고 비참한 경지에 빠지게 하였습니다. 나아가 투항 후에도 재차 일제 군대 부활의 기초가 된다고 생각해 옌시산군에 잔류하여 특무활동에 종사하고 해방전쟁을 방해하였습니다. 해방 후에도 중국 인민을 멸시하는 편협한 민족관으로 평화로운 주민을 기만하여 가짜 의사로 부정확한 치료에 의해서 상해를 입히고 살해하였습니다. 이 죄악을 범한 근원은 천황 히로히토가 전쟁으로 돈벌이를 하는 통치를 위하여 나를 그 육탄으로 사용하고자 하여 행한 기만적인 교육에 있습니다. 그러한 교육 아래 나의 사상 내부는 맹목적 천황숭배사상과 편협한 야마토민족 우월감이 충만하여, 가장 흉악한 군국주의 파시즘 사상에 지배되었으며 그로 인해 행한 죄악이었습니다.

이러한 죄악을 행한 나에 대해서 중국공산당, 중국 인민은 국제주의 정신의 관대 정책 아래 교육 개조의 기회를 부여해주고 물심양면으로 육친도 할 수 없는 배려를 해주었습니다. 그 아래 나는 새로이 광명한 전도를 추구하는 일이 가능해졌습니다. 이러한 사실 속에서 공산당, 중국 인민이야말로 진정한 구세주이며 진정한 친구라는 사실과 천황 히로히토야말로 나를 죄악의 길, 죽음의 길로 떨어뜨린 사탄이라는 사실을 분명히 알게 되었습니다. 나는 현재, 법에 따라 죄를 인정하는 태도로 성실하고 차분하게 교육을 받아들여 마음으로부터 전쟁을 증오하고 철저하게 죄악의 엄중성과 근원을 인식하여 일체의 반동사상을 철저하게 버리고 금후 재차 절대로 이러한 죄악을 범하지 않을 것을, 마음으로부터 중국 인민에게 사죄하고 새로운 인간으로 태어날 것을, 인민의 입장에 서서 돌아갈 것을 결심하였습니다. 더욱이 중국 인민으로부터 용서받아 귀국하면서부터는 일체 죄악의 근원인 천황과 미제국주의자를 타도하기 위하여 철저하게 투쟁하고 인민과 함께 인민에게 복무하는 태도로 절대로 전쟁에 반대하고 조국의 독립, 평화, 민주, 자유를 위해서 일신을 바칠 것을, 공을 세우고 속죄할 것을 결심하였습니다.

이나바 이사오

이나바 이사오의 죄악 자아 총결 정오표(正誤表)

쪽수	행수	자수	오	정
6	10	20	歐	毆
6	14	12	歐	毆
6	15	13	歐	毆
8	7	26	歐	毆
8	9	1	歐	毆
8	14	2		'長'을 삽입
11	10	25	變	隻
12	7	10		'番'을 삭제
12	8	26	匹	足
12	8	30	匹	足
13	7	18	匹	足
13	16	15		'小'를 삭제
16	11	27		'幹'을 삭제
18	5	2		'軍'을 삽입
19	11	1		'謨'를 삭제
25	11	21		'を'를 삭제
27	11	24	匹	足
28	1	6	5	8

이상 자아 총결 및 정오표 32쪽
이나바 이사오 우식지(右食指)

1954년 11월 17일 타이위안에서

무라야마 하야토 자필진술서

제54권 수록 전범

나는 무라야마 하야토(村山隼人)라고 하며 일찍이 왕춘산(王春山)이라고 칭하였습니다. 1919년 1월 23일 본적지 일본국 가고시마(鹿兒島)현 기모쓰키(肝属)군 오오네지메(大根占)정 시로모토(城元) 105번지에서 무라야마 나카스케(村山仲助)의 장남으로 태어나 현재 36세입니다. 현재 주소는 일본국 가고시마현 기모쓰키군 오오네지메정 시오야(鹽屋)입니다. 최종 학력은 일본국 도쿄도 다이토분카가쿠인(大東文化學院) 본과(本科)를 졸업하였습니다. 군대에서는 허베이(河北)성 바오딩(保定)시 북지나파견(北支那派遣) 바오딩 육군 예비사관학교 보병대에서 초급장교로 군사교육을 반년 동안 받았습니다. 가정 상황은 1949년 4월 30일 보내온 통신에 따르면 7명으로, 아버지 나카스케는 본적지 마을 사무소에서 사회교육 담당자(主事)를 하고 있으며, 어머니 치요(千代)는 무직이며, 동생 요시토(義人)는 선원, 다음 동생 마사토(正人)는 대학에 입학하였으며, 여동생 카즈코(和子)는 사무원, 동생 아키토(昭人)와 여동생 히사코(久子)는 소학교(小學校, 초등학교)에 다니고 있습니다. 집의 재산은 작은 가옥 한 채와 부속 토지 약간뿐으로 생계는 완전히 아버지의 급료로 이루어지고 있습니다.

1941년 3월 학교를 졸업하고부터 1942년 2월까지 일본국 도쿄도 시타야(下谷)구[1] 돗판인쇄(凸版印刷)주식회사 사업부에 있었습니다. 같은 해 2월 20일 일본국 가고시마시 제6사단 보병 제45연대 유수대(留守隊)에 입대하여 이등병이 되었습니다. 같은 해 3월 2일 북지나 파

1 도쿄에 있던 구(區) 중 하나였으나 1947년 3월 15일 시타야구와 아사쿠사(淺草)구가 합쳐서 다이토(台東)구가 되었으며, 현재 다이토구의 서쪽 지역에 해당된다.

견을 위해 자대를 출발하였습니다. 같은 해 3월 12일부터 8월 31일까지 산시(山西)성 위안취(垣曲)현 퉁산(同善)진의 북지나파견 제37사단[2] 보병 제227연대 제3대대 제9중대(북지나파견 동[冬] 제3545부대 미나미[南]대)에서 초년병교육을 받았습니다. 같은 해 9월 1일 간부후보생[3]으로 채용되어 육군 일등병으로 진급하였으며, 같은 해 10월 말일까지 산시성 위안취현 왕마오(王茅)진의 북지나파견 제37사단 보병 제227연대 간부후보생대(북지나파견 동 제3545부대 미조구치[溝口]대)에 입대하여 훈련을 받았으며, 그사이 갑종 간부후보생으로 채용되어 육군 상등병으로 진급하였습니다.

1942년 11월 6일부터 1943년 4월 26일까지 허베이성 바오딩시 지나파견 바오딩간부후보생대 보병대에서 교육을 받고 그사이 오장(伍長), 군조(軍曹)로 진급하여 1943년 4월 26일 육군병과 견습에 임명되어 해당 군대를 졸업하였습니다. 같은 해 4월 27일부터 같은 해 8월 26일까지 산시성 허진(河津)현 북지나파견 제37사단 보병 제225연대 교육대(북지나파견 동 제3545부대 오나야[女屋]대)와 산시성 원시(聞喜)현 왕수이(王水)진 북지나파견 제37사단 교육대(북지나파견 동 제3542부대 오사쓰[長都]대)에서 훈련을 받았습니다. 같은 해 9월 상순부터 같은 해 10월 상순까지 산시성 지산(稷山)현 북지나파견 제37사단 보병 제225연대 제2대대 제7중대(북지나파견 동 제3543부대 오소우[襲]대) 배속 견습사관으로 근무하였습니다.

1943년 10월 상순부터 1944년 2월 7일까지 산둥성 타이안(泰安)현 리위(李峪) 북지나파견 제59사단[4] 독립보병 제45대대 제4중대(북지나파견 의[衣] 제1649부대 하라타케[原武]대) 소

---

2 일본 육군사단 중 하나였으며 노구교(盧溝橋)사건 후 화북에서 화중, 화남으로 전선이 확대되면서 수렁으로 빠져들면서 점령지의 경비와 치안유지를 목적으로 1939년 2월 7일 신설된 치안사단의 하나이다. 가고시마의 보병 제227연대는 이 사단에 최종 소속된 부대의 하나이다.

3 일본 육군에서 간부후보생은 중등교육 이상의 학력이 있는 지원자 중에서 선발되어 비교적 단기간에 병과(兵科) 또는 각부의 예비역 장교 또는 예비역 하사관이 되는 교육을 받는 자를 말한다. 일본 육군에서는 하사관 이상이 부대 간부라 불리었다. 1927년 12월 1년 지원병제도가 간부후보생제도로 바뀌어 1945년 8월 패전까지 이어졌다. 제정 초기는 주로 예비역 장교 양성을 목적으로 하였지만 1933년 5월 개정 이후는 예비역 장교가 되는 교육을 받은 갑종 간부후보생(甲種幹部候補生)과 예비역하사관이 되는 교육을 받는 을종 간부후보생으로 수업 기간 도중에 나뉘었다.

4 제59사단은 1942년 2월 2일 지난(濟南)에서 독립혼성 제10여단을 개편하여 편성되었으며, 사령부를 지난에 두고 있었다. 독립혼성 제10여단의 임무를 이어서 지난 부근 경비와 치안유지에 종사하였다. 사단의 편제는 독립보병대대 4개로 구성된 보병여단 두 개로 이루어져 있었다. 1942년 6월 초순 신타이(新泰), 라이우(萊蕪)현 동쪽 산지, 관타오(館陶)현 지역 토벌작전을 펼쳤다. 같은 해 8월 제1차, 제4차 로중작전(魯中作戰)에 참가하였으며 같은 해 11월 중순부터는 제4차 로동작전(魯東作戰)에 참가하였다. 12월 하순에는 관타오현 주둔지에서 전속에 불만을 품은 병사들의 반란인 관타오사건이 일어나기도 하였다.

속 장교로서 같은 현 내 판자(范家)진, 상강(上港)촌, 둥량(東梁)장의 각 분견대장을 역임하고 장갑열차 대장대리로 근무하였으며, 1943년 12월 1일부로 육군소위에 임명되었습니다. 1944년 2월 8일부터 신설부대 기간요원으로 전출, 산둥성 타이안 북지나파견의 제1649부대에서 편성과 교육에 종사하였습니다. 1944년 3월 초부터 같은 해 6월 25일까지 산시성 후관(壺關)현 인청(蔭城)진 북지나파견 독립보병 제14여단 독립보병 제246대대 제1중대(북지나파견 루(壘) 제1477부대 이케모토[池元]대) 소속 소위 소대장으로 진청(晉城)현 대대 본부 직할 소대장 및 링촨(陵川)현 분견대장을 역임하였습니다. 같은 해 6월 26일부터 1945년 2월 말까지 산시성 링촨현에서 제1중대장으로 임명되어 해당 현의 경비대장으로 근무하였습니다. 같은 해 3월 1일부터 중대는 샹위안(襄垣)현으로 이주하였습니다. 같은 해 3월 18일 루청(潞城)현 제3중대장으로 전출되어 같은 해 5월 14일까지 루청 경비대장으로 근무하였습니다. 1945년 5월 15일부터 같은 해 8월 20일까지 산시성 툰류(屯留)현 북지나파견 독립보병 제14여단 독립 보병 제246대대 제3중대(북지나파견 루 제1477부대 무라야마[村山]대) 중대장이 되어 해당 현의 경비에 임명되었습니다. 같은 해 8월 20일 육군중위에 임명되었습니다. 같은 해 8월 20일부터 일본으로 복귀 준비를 위해 이동을 시작하여 위츠(楡次)현으로 집중하였지만 그 후 같은 해 10월 상순부터 1946년 3월 8일까지 산시성 친(沁)현에 주둔하여 대대 본부 직할 중대장으로 임명되었습니다.

1946년 3월 8일 산시 잔류를 위하여 제대하여, 산시성 타이위안(太原)시 남 군영 옌시(閻錫)산 산시수복철로공로총대(山西修復鐵路公路總隊) 제6공정대(第六工程隊)에 육군중위 제1중대장으로 입대하였습니다. 같은 해 4월 하순부터 같은 해 8월 20일경까지 산시성 타이위안(太原)현에 주둔하고 교육 경비에 임명되었습니다. 같은 해 8월 20일경부터 1947년 3월 7일까지 사이에 재차 타이위안 주둔지로 돌아가 같은 해 12월부터 1947년 3월까지 타이위안시 남 군영 옌시산 야전군 간부훈련대 제2중대 주임교관으로 파견되었습니다. 같은 해 3월 10일부터 산시성 타이위안시 바오안(保安) 총대(總隊) 사령부 독립보병대 부대장으로 임명되어 같은 해 3월부터 같은 해 8월까지 타이위안시 옌시산 친훈단(親訓團) 위관대(尉官隊) 제2중대장, 같은 해 9월부터 같은 해 11월까지 타이위안 난퇀바이(南團柏) 옌시산 친훈사(親訓師) 제2단(團) 제3영(營) 지도관으로 파견되었습니다. 1947년 12월 초부터 1948년 8월 31일까지 산시성 타이위안시 잠편(暫編) 독립 제10총대 사령부 근무를 명하였으며, 그사이 새로

생긴 학교의 사감이 되어 겸임으로 사령부 정보교육 참모, 옌시산 청년군관 교도단 제5대대장 대리로 근무하였습니다. 이사이 1948년 4월 육군대령(上校)으로 진급하였습니다. 같은 해 9월 1일 타이위안 수이징공서(綏靖公署) 교도총대(敎導總隊) 군사교육 제2단(團)에 전속되어 1949년 2월까지 제3중대장, 교육주임, 부단장을 역임하고 같은 해 3월 당해 단 단장으로 임명되었습니다. 같은 해 4월 24일 산시성 타이위안시 타이위안 수이징공서 사령부에서 해방을 맞게 되었습니다.

나는 일본에서 수양단(修養團)에 입단하였으며, 중국으로 와서부터는 영곤회(迎暉會)에 입회하였습니다. 일본군 시절에는 정8위 종7위(正八位 從七位)의 위계를 부여받았으며 옌시산 시절에는 진중작전(晉中作戰)[5]에서 공로상장과 특별송백장(特別松柏章)을 받았습니다.

1942년 3월 6일 허베이(河北)성 톈진(天津)시 톈진역에서 북지나파견 제37사단 보병 제227연대 제3대대 제9중대(북지나파견 동[冬] 제3545부대 미나미[南]대) 육군 이등병으로 열차 수송 중 경계를 위하여 역에서 보초를 서던 중 중국인 남자아이가 열차에 다가왔는데 일본병의 의기를 보여줄 때라고 생각해 구타하여 안면 출혈비대의 부상을 입힌 채로 그대로 돌려보냈습니다. 게다가 같은 달 10일 산시성 원시(聞喜)현 둥(東)진에서 숙영 중 쿠사노(草野)군조의 명령에 의해 부락 민가의 창틀 3개를 떼어내어 난방용 재료로 썼습니다. 1942년 4월 산시성 위안취현 퉁산진의 북지나파견 제37사단 보병 제227연대 제3대대 제9중대(북지나파견 동 제3545부대 미나미대) 육군 이등병 소총수로 중대 토벌에 참가하였습니다. 위안취현 허시(河西)촌에서 상관을 기쁘게 하여 잘 보이자는 생각에 마을을 돌아다니며 닭 약 15마리, 작은 책상 한 개, 모직 깔개 한 장을 약탈하여 중대 지휘반에 넘겼습니다. 1942년 5월 하순 주둔지 위안취현 퉁산진 동북쪽에 있는 산 위 초소의 보수 사역을 명령받고 동년병 기타고우(北鄕)와 함께 작업을 하고 있었습니다. 그때 북쪽에서 한 명의 주민이 초소 쪽으로 걸어오고 있었습니다. 반장은 그를 체포하여 적의 공작원일지도 모르니 너희들 초년병이 살해하라고 하면서 우리 얼굴을 보았습니다. 나는 사람을 죽인 적이 한 번도 없었으며 동년 병사 중에도 없

---

5 1948년 6월부터 7월까지 인민해방군 화북군구 부대 및 진수이(晉綏=산시성[山西省] 서북부와 수이위안성[綏遠省] 동남부)군구 부대 일부가 산시성 중부지구에서 국민당군에 대해 진행한 진공작전이다. 이 작전은 인민해방군 6만 명의 병력으로 옌시산군 10만 명을 괴멸시켜 옌시산군대에 막대한 타격을 입힌 싸움이었다. 이 전쟁으로 산시성에 대한 공산당 지배권 확립의 계기가 만들어졌다.

었기 때문에 공훈도 되고 반장에게 좋은 모습을 보이기 위해서 중국인 같은 것은 사람으로도 생각하지 않고 직경 약 40센티 정도의 큰 돌을 높은 곳에서 머리 위로 던져 죽였습니다. 그 후 초소 철조망 밖에 구멍을 파고 묻었습니다. 1942년 5월 하순 주둔지 북쪽 토벽 근처에서 이전부터 중대에 유치되어 있던 스파이라는 혐의를 받고 있는 남자를 가스로 살해한다고 하였습니다. 나는 미조구치 교관에게 지도와 교육을 받은 것을 실제로 해볼 수 있는 기회라고 생각해서 자진하여 붉은 통에 불을 붙여 구멍 속에 들어가 있는 남자에게 던져 고통스럽게 한 후 살해하고 나중에 흙을 덮고 부대로 복귀하였습니다. 1942년 6월 위안취현 통산진의 중대 위병 이등병 보초로 근무하던 중 사령이 유치소 내 있던 30세 전후의 남자(팔로군의 스파이라고 칭하고 있었음) 두 명에게 고문 구타를 허가하였습니다. 나는 이때 언제나 두들겨 맞기만 하던 초년병이었기 때문에 중국인을 괴롭히고자 고문 방법을 연구하여 이때다라고 생각하여 물을 한가득 마시게 하여 눕게 한 후 배 위에 타고 앉아서 물을 토하게 하거나 서로 두들겨 패도록 하여 지쳐 나가떨어지게 하며 괴롭혔는데 위병사령이 중지하라고 명령하여 간신히 멈추었습니다. 그 후 위병을 서지 않았기 때문에 보지 못했지만 기운 없는 병자처럼 하고 있다고 들었습니다. 1942년 6월 주둔지 통산진으로부터 위안취현 왕마오(王茅)의 연대본부에 연락을 마치고 돌아가던 길에서 같은 현 왕(王)촌 북쪽 약 1천 미터 지점의 움푹 파인 곳에서 허베이(河北) 민군 약 백수십 명의 공격을 받았습니다. 그때 나는 경기관총의 사수로서 분대장 고하마(小浜) 병장의 지휘 아래 한 명을 사살하였습니다. 1942년 8월 중대토벌대 제3소대 제2분대 이등병 경기관총 사수로서 위안취현 모구산베이(磨姑山北) 산기슭 일대에서 전투에 참가하던 중 항일군 1명을 사살하였습니다. 또한 도망 중인 주민 2명을 쫓아가면서 당시 가스조이었기 때문에 가스를 사용하여 공로를 세우고자 생각하였습니다. 가스를 발사하기에 적합한 곳을 생각하고 있었는데, 그때 마침 도망 중이던 두 명이 동굴 속으로 들어갔기 때문에 조건이 좋다고 생각하였습니다. 안으로 들어갔기 때문에 발사 적통(赤筒)을 두 발 발사하고 두 명을 체포하여 중대로 인도하였습니다. 그 후에는 중대로 데려갔다고 생각합니다. 1942년 8월 산시성 위안취현 통산진 북지나파견 동 제3545부대 미나미대 입욕 당번을 명령받았을 때 유치 중인 포로 한 명을 이용하여 물 긷는 일을 하도록 시켰습니다. 수차례 물을 긷고서는 중대의 모퉁이에서 이 남자가 도망가려고 해 잡아와 직경 약 5미터, 깊이 약 3미터의 물웅덩이 속에 던져놓고 나오려고 하는 것을 위에서 누르고 때려 물을 마시고 괴로워하고 힘이 빠진 것을 끌어올려 유치소로 돌려보냈습니다. 이때 나는 그자가 도망치면 상관에게 혼이 나고 자신의 성적에 관계 있다고 생각해 이처럼 스스로 방법을 찾았습니다. 1942년 9월 1일부터 같은 해 10월 말까지 산시성 위안취현 왕마오진 북지나파견 제37사단 보병 제227연대 간부후보대(북지나파견 동 제3545부대 미조구치대)에서 육군 일등병 간부후보생으로 교육 중 이하의 죄악을 범하였습니다. 같은 해 9월 5일 해당 연대 군기위병(軍旗衛兵)으로 복무 중 위병소에 유치 중이던 2명의 스파이 포로에 대해서 서로 구타하도록 시키고 물을 한가득 마시게 한 후 매달거나 또는 불이 붙은 담배를 콧구멍에 꽂아서 호흡곤란을 만들면서 괴롭혔습니다. 나는 이전 중대에서 고문 경험이 있었기 때문에 시험해보고자 생각해 이런 더러운 중국인들을 괴롭혀주겠다고 생각해 이상과 같은 폭행을 행하였습니다. 그 후 저녁이 되어 한 명은 본부 하사관이 참살하고 다른 한 명은 해당 부락의 동북쪽에서 간부후보생 약 40명이 찔러 죽였습니다. 나는 이 시기를 놓치면 찔러 죽일 기회가 없다고 생각해 부대의 교관에게 위병을 교대하여 찔러보게 하도록 하여 동기생과 함께 괴로워하는 것을 신경 쓰지 않고 찔러 죽였으며 그 후 교관의 명령으로 묻고 돌아왔습니다. 같은 해 9월 10일경 위안취현 왕마오진–주(主)촌 자동차 도로(왕마오진으로부터 약 1천 미터 지점) 위에서 장교 척후(斥候)연습 중 대항군의 정황을 알기 위하여 맞은편에서 오는 40세 정도의 남성 주민을 잡아 심문하였습니다. 그런데, 모른다고 하였기 때문에 나는 그런 바보 같은 일이 있을 수 있는가, 황군에게 협력하지 않는가하고 생각하였습니다. 이래서는 연습 성적을 올릴 수 없다고 생각해 이 남자를 손으로 구타하고 발로 차니 울면서 용서를 구하였는데, 받지 않고 움직일 수 없을 때까지 계속하였습니다. 돌아가면서 현장을 지나갈 때 그는 사라졌습니다. 1943년 2월 하순 허베이성 바오딩시 북지나파견 바오딩육군 예비사관학교(바오딩 간부후보생대) 제3중대 군조후보생으로 척후교육 중 바오딩 비행장 베이푸강(北府河, 폭 약 7미터, 수심 약 1미터 20센티미터)에서 통행 중인 35세 정도의 남자 주민을 강압적으로 멈춰 세우고 그대로 물속으로 던져넣어 물의 깊이와 강바닥의 상태를 조사하고 아무런 조치도 취하지 않고 그대로 방치하였습니다. 같은 해 3월 10일 학교에서 연합연습을 행하였을 때 나는 연습 대장으로 복무하면서 바오딩역에 사람들이 많이 보고 있어서 괴롭히는 즐거움을 느끼고자 최루가스를 발사하라고 가스반에 명령하였습니다. 그로 인해 많은 군중을 괴롭혔습니다. 1943년 5월 상순 산시성 허진(河津)현 북지나파견 제37사단 보병 제225연대(북지나파견 동 제3543부대)에 전속되어 전진하던 중 산시성 신장(新絳)현 성 남쪽 부근에서 그 주변을 걷고 있던 건장해 보이는 남자 8명을 붙잡아 우리 견습사관 12명의 짐을 지게하고 같은 현 시좡(西莊)까지 강제적으로 노역을 시켰습니다. 그 당시에는 견습사관이 짐 같은 것을 질 수 있겠는가 하는 생각과 중국인은 엄청 많은데 그 정도 일을 해도 괜찮지 않은가 하고 생각하였습니다. 담배 한두 대 받은 것만으로도 득을 본 것이 아닌가 생각해 임금은 한 푼도 주지 않고 돌려보냈습니다. 같은 달 하순 앞에서 기록한 부대 오나야(女屋)대 견습사관 피교육자로 훈련을 받던 중(장교 척후연습) 산시성 지산(稷山)현성 북쪽 약 4킬로미터 지점 구릉 위에서 시찰을 하고 있었습니다. 이때 50세 가까운 주민이 지나가는 것을 보고 나는 이 남자를 데려가서 적의 스파이이며 적정에 정통하고 있는 자라고 보고하면 자신의 연습 성적이 올라갈 것이라고 생각해 손을 묶어 허진까지 강제로 동행시켰는데, 교관에게 어떠한 보수도 주지 않는다는 말을 듣고 처음으로 손을 풀어주고 돌려보냈습니다. 1943년 6월부터 같은 해 8월까지 나는 산시성 원시현 위수이진 북지나파견 제37사단 교육대(북지나파견 동 제3542부대장 미야코[都]대)에서 견습사관으로 훈련받았습니다. 같은 해 7월 원시현 모리(磨里)촌에서 검색 연습 중 나는 한 명의 부락민을 체포하여 심문하던 중 내가 생각한 대로 이야기하지 않는 것과 대대에 나의 강함을 보여주고자 구타하여 안면을 변형시키고 돌려보냈습니다. 그 후 수일이 지나 이 부락 서북 약 300미터 지점 수박밭에서 연습하던 중 휴게하면서 나는 연습 소대장으로 밭에 있던 주민에게 강제로 요구하여 약 30개의 수박을 무료로 약탈하였으며 그 밖에 참외 등을 시가의 반도 되지 않는 가격으로 사서 먹었습니다. 같은 해 8월 산시군에 대한 토벌이 행해졌을 때 경기관총조로 참가하여 원시현 왕링관(王嶺關) 동쪽 고지에서 경기관총조에게 육박해오는 산시군 전사 1명을 수류탄으로 살해하고 그대로 방치하였습니다. 1943년 9월 8일경 산시성 지산현 내에서 작전 중이었던 북지나파견 제37사단 보병 제225연대 제2대대 제7중대(북지나파견 동 제3543부대 오소우[襲]대) 배속 견습사관으로 복무 중 연대 교육주임 오나야 소좌의 지도 아래서 전날 사단포병이 가스탄을 던졌던 부락(지산 북쪽 약 8킬로미터 지점)에 가서 적에게 끼친 손해에 대해 조사를 행하였습니다. 이사이에 나 이외 4명의 견습사관은 항일전사 6명이 부상하여 한 곳에 누워 있는 것을 발견하였으며 이때 가스의 효과를 잘 조사하여 보고하기 위하여 고통스러워하는 것을 신경쓰지 않고 봉으로 찌르거나 몸을 무리하게 발로 차서 움직이게 하거나 하면서 조사하였습니다. 최후로 나는 이 부상병은 도망갈 가능성이 있으며 만약 그렇게 되어 일본군 견습사관의 비인도적인 방식이 폭로되면 곤란하다고 생각하였습니다. 이러한 군대의 5명이나 6명 정도 죽여도 문제되지 않는다고 생각해 다른 동기생과 계산하여 나는 2명을 권총으로 두부와 목구멍을 쏘고, 다른 견습사관 4명은 일본도로 각자 한 명씩 모두 4명을 참살하여 그대로 방치하였습니다. 오나야 소좌가 있는 곳으로 돌아가 실태조사 보고를 하였습니다. 그 후 중식을 마치고 귀대하는 길에 같은 현 마터우(馬頭)산 북쪽 구릉 아래서 사단 포병통신대가 30세 가까운 남자를 붙잡아 고문하고 있는 것을 만나 이곳에서 휴게하며 도와서 자신도 연구하고자 생각하며 현장으로 갔습니다. 그리고 나는 92식 수동전화기를 이 남자의 음부에 붙여 전류를 흐르게 하자 자백하겠다고 하였는데, 병사들과 함께 실시하여 감전 때마다 울부짖으며 발악하는 것을 억누르고 혼절시켰습니다. 그 후 그에게 떫은 감을 먹으면 죽지 않을 수 있다고 속여 그가 부근 감나무의 떫은 감을 따서 먹으며 얼굴을 찡그리는 것을 보고 모두 박장대소한 후 귀대하였습니다. 1943년 9월 중순 산시성 지산현 북쪽 산허리 일대에서 부대가 차단 참호를 구축하고 있을 때 나는 배속중대(오소우대)의 전방시찰반으로 항일군 약 백수십 명이 산허리에서 동에서 서로 이동하고 있는 것을 발견하였습니다. 사단포병에게 연락하여 야산포(野山砲)로 약 40, 50발 사격시켰으며 정보에 의하면 약 20명 전후의 사상자가 있었다고 보고되었습니다. 또한 그 후 수일이 지나면서 전방시찰반의 북쪽 약 30미터 산기슭에 항일군 약 한 개 분대가 진지를 구축하고 있는 것을 발견하고 상기와 같은 방식으로 사격하여 약 4명의 사상자를 내었습니다(밀정의 보고에 따름). 1943년 10월 상순, 산둥(山東)성 취워(曲沃)현 허우마(候馬)역에서 이번에 도착하는 기차에 나의 짐을 실어달라고 의뢰했는데 중국인 역원이 시간이 없어서 다음 열차로 수송하겠다고 말하였습니다. 나는 나와 함께 짐이 가지 않는 것은 불편하다고 생각하였고, 또 일본 군인을 우습게 본다고 생각하여 이 역원을 구타하여 안면 출혈을 만든 후 무리하게 나의 짐을 열차에 싣게 하고 그대로 출발하였습니다.

1943년 11월 산둥성 타이안현 판쟈진 북지나파견 제59사단 독립보병 제45대대 제4중대(북지나파견 의 제1649부대 하라다케시[原武]대) 판쟈진 분견대장 견습사관이었을 때 판쟈진 서북쪽 약 6킬로미터 지점에 있는 마을시장에서 팔로군 사복공작원이 출입하고 있다고 보안대로부터 들었습니다. 부하 4명과 보안대 약 20명을 지휘하여 시장을 포위하고 검색을 행하였습니다. 그 결과 군중은 전부 도망갔으며 한 사람도 잡지 못하였기 때문에 화풀이로 시장의 천막과 책상 등을 뒤집어엎고 식당의 음식들을 맘껏 먹고 귀대하였습니다. 같은 해 12월 상순 타이안현 상강(上港)촌 소위 분견대장일 때 정보 수집을 위해 상강 동쪽 약 7킬로미터 지점에 이르렀을 때 팔로군 양식 수송대(민간인 짐꾼 약 300명, 경계병 약 한 개 소대)와 조우하였습니다. 나는 부하 7명과 상강공작대 약 20명과 함께 양식을 약탈하고자 생각해 도로의 좌측에 있는 작은 산등성이 위에 경기관총 한 정을 두고 자신은 병사들과 함께 직접 민간 짐꾼들을 유도하는 조가 되어 잠복하고 있었습니다. 짐꾼들이 눈치채지 못하고 가까이 다가왔을 때 돌연 급사격을 행하여 짐꾼들을 놀라게 하여 자신의 수중에 넣어 성과를 내고자 하였지만 모두 흩어져 버렸습니다. 그중 약 20명과 좁쌀 약 2천 근을 얻어 서둘러 귀대하였습니다. 이들 짐꾼은 공작대에 넘겼는데, 다음 날 석방하였다고 들었습니다. 공작대가 식량 부족으로 힘들었기 때문에 앞으로 보다 잘 협력하기 위해서 좁쌀을 모두 넘겨주었습니다. 1944년 1월 1일 산둥성 타이안현 동량좡 소위 분견대 대장이었을 때 팔로군과 일본해방연맹(日本解放聯盟)[6]으로부터 위문글과 위문봉투를 수령하였습니다. 나는 이런 것을 군대에서 건네주면 도망하거나 군대의 단결을 파괴하는 원인이 된다고 생각하였습니다. 원단(元旦) 훈시에서 황군 불패와 팔로군 아이들의 속임수 전법에 절대로 속지 말도록 반공선전을 행하였습니다. 그리고 모두의 앞에서 위문글과 위문봉투 12개를 소각하였습니다. 같은 해 1월 10일 둥량장 분견대장실에서 권총을 손질하고 있는 것을 책상 너머에서 보고 있던 14세의 군대 사용인 아이에게 잘못 발포하여 살해하였습니다. 나는 권총 속에 탄환이 없다고 생각해 책상 위에 둔 채로 방아쇠를 당겨 살해했던 것입니다. 나는 발견되면 대장의 체면이 엄청 손상된다고 생각해, 아이를 옆의 개인실 침대 아래 넣어 두고 날이 저물자 위병사령에게 지시하여 부대 서쪽 차단참호 밖에 묻도록 하였습니다. 같은 해 1월 중순 나는 대대 본부로부터 군용도로와 전화선의 경계와 보수공사를 명령받고, 직접 둥량장사무소에 아래와 같은 명령을 하였으며, 실행하면서 자신의 경비지구에서는 하나도 사고를 내지 않고 표창을 받을 것이라고 생각하였습니다. 내용

6 일본인민해방연맹(日本人民解放聯盟)을 말한다. 중일전쟁 기간에 일본 사병들이 조직한 반전단체이다. 1939년 이래 포로가 된 일본 사병이 중국공산당과 팔로군의 도움하에 '각성연맹(覺醒聯盟)'과 '반전동맹(反戰同盟)'을 먼저 조직하였다. 1942년 8월 위의 반전단체가 재중국 일본인 반전동맹화북연합회를 결성하였다. 1944년 4월 '일본인민해방연맹'으로 개조하였으며 침략전쟁 반대, 일본파시즘정권 반대, 민주일본 건설, 인민정부 성립 등을 취지로 삼았다. 조직은 일본 군대 안에서 적극적으로 반전선전을 하였으며 일본군 와해를 위하여 일정한 역할을 하였다. 1945년 4월에는 화북과 화중에 21개의 지부가 있었으며 일본이 항복한 후에 활동을 멈추었다.

은 둥량장 다원커우(大汶口) 도로 수리에 일주일 동안 매일 약 70명을 출동시켜서 동결된 노면공사를 행하였는데, 모두 부락민 부담으로 하였으며 한 푼도 지불하지 않았습니다. 또한 이때부터 매일 밤 전화선 경계를 위하여 부락민 3명이 한 조가 되어 순찰하도록 하였습니다. 그와 같은 조를 다섯 개를 만들어 자치적으로 행하도록 하여 자신의 안전을 꾀하였습니다. 동시에 중국인을 괴롭히더라도 부하들을 편하게 하여 자신의 말을 잘 듣도록 하는 것이 낫다고 생각해 구사무소와 보안대에게 책임을 지도록 하였으며 나의 위임 15일 동안은 확실하게 하도록 하였습니다. 같은 해 1월 20일경 내가 있던 둥량장 남쪽 약 12킬로미터 지점의 츠차이(赤柴)탄광의 노동자가 집단으로 도망쳤기 때문에 대대는 도망자를 탐색 체포하기 위하여 둥량장 분견대와 보안대에 출동을 명령하였습니다. 나는 보안대 주력을 동쪽으로부터 우회하도록 하고 자신은 중앙도로를 남하하여 서쪽으로 진격한 다원커우중대와 협동하여 츠차이를 향하여 전진하였습니다. 때마침 츠차이에서 6킬로미터 정도 지점의 부락에서 도망친 노동자 한 명이 숨어 있는 것을 발견하였습니다. 나는 자신의 공적으로 부대장에게 칭찬받을 것이라고 생각해 조사도 하지 않고 재빨리 다원커우 중대장에게 넘겨주고 부대로 보내도록 의뢰하였습니다. 각 부대 모두 그 외에는 체포하지 못하였습니다. 1944년 2월 1일부터 같은 달 7일까지 사이에 나는 산둥성 지난(齊南)-신타이(新泰) 간을 경비운전하고 있는 북지나파견 제12군의 장갑열차대 수상대(水上隊)의 대장 대리로 근무하고 있었습니다. 이때 타이안(泰安)역에서 부정한 상인에게 의뢰받은 양식 첫 번째 4천 근, 두 번째 2천 근을 지난역까지 무료로 운송하였습니다. 대원의 이야기에 따르면 당시 화물 수송이 제한되어 있어서 일반적으로 상인의 수송이 지극히 곤란하였기 때문에 상인들은 일본 군대의 장갑열차를 이용하여 수송하고 그 대신 군대는 필요한 금품을 받으면 일거양득이라고 하여 이를 듣고 이처럼 좋은 일은 없다고 생각해서 행하였습니다. 그리고 연회에 한 번 불려갔으며 매일 사용하는 야채 고기는 모두 이 상인으로부터 얻고 있었습니다. 1944년 2월 8일부터 산둥성 타이안현 북지나파견 의 제1649부대에서 산시파견 루(壘) 부대의 편제업무를 행하였으며 그사이 제1중대에 입대하여 온 현지 소집병과 전과해서 온 기병, 포병, 경중병, 공병의 보병과 교육을 하였습니다. 나는 당시 장교, 하사관병 모두 소집자가 많았기 때문에 건강하고 장래 유능한 장교라는 인식을 심어주기 위하여 이러한 부대로는 경비조차 불가능하고 그러면 부대에게 불리하다고 이야기하였습니다. 또한 중국인에게 바보 취급 당하면 큰일이라고 생각해서 사상조사, 체력조사, 병기조사 등을 행하고 산시 주둔 후 근무에 지장 없도록 밤낮으로 노력하였습니다. 그 수 약 150명이었습니다.

1944년 3월 18일 산시성 진청(晉城)현 북지나파견 독립보병 제14여단 독립보병 제246대대(북지나파견 루 제1477부대) 소위 직할소대장으로 근무하고 있었습니다. 이때 부대장 미야기(宮城) 중좌로부터 링촨현으로 가서 해당 지역에 주둔하고 있는 산시 초공군(剿共軍) 제2사(師)의 배반 예방과 해당 사단에 있는 일본군 지도 소대 원호를 행할 결심은 없는가 하는 질문을 받고 나는 일본군 장교이기 때문에 그 정도는 아무것도 아니라고 생각하고, 또한 사람들이 싫어하는 지역이면 공적을 올릴 수 있다고 생각해 갈 것을 승낙하였습니다. 그리고 링촨현 분견대장이 되어 초공군 지도주임 후쿠다(福田) 대위와 항상 정보를 교환하여 초공군이 팔로군 또는 항일군으로 귀순하는 것에 대해 깊은 주의를 기울였습니다. 매주 1회 부대장과 여단장에게 정황을 보고하여 대초공군 방책에 잘못이 없도록 자료를 제공하고 링촨지구 확보를 위하여 1945년 2월까지 협력하였습니다. 같은 해 3월 18일 산시성 링촨현 소위 분견대장으로 이동할 때 마차 40대를 현으로 소집시키고 마차 값은 링촨현 도착 후 지불한다고 약속하였습니다. 양식과 탄약을 가득 싣고 출발하였으며 도중 가오핑(高平)현 미산(米山)진에서부터 흑토의 언덕길 사이의 강바닥 길에서 도로가 안 좋아 마차가 움직이지 못하는 것을 보고 병사들에게 말을 때리라고 하였으며 그래도 움직이지 않으면 마부를 때리라고 하였습니다. 그렇게 하지 않으면 얼뜬 흉내를 내며 움직이지 않게 되어 링촨에 언제 도달할 수 있을지 알 수 없다고 하여 독촉하며 노역을 시켰습니다. 하지만 그날 중에는 가오핑현 흑토 언덕길까지밖에 가지 못하여 숙영하였습니다. 나는 이 부락에서 부하가 작은 돼지 한 마리와 닭 수 마리를 흑토언덕의 일본군 분소에서 받으러 왔다고 말하는 것을 묵인하였으며 그 후 나도 먹었습니다. 그리고 그러한 방식에 대해서 칭찬하였습니다. 다음 19일 링촨에 도착하고부터 나는 마부에게 비용은 이 부대가 지불할 수 없으니 진청현 사무소에서 받으라며 지불을 거절하였습니다. 나는 돈을 지불하면 부대의 돈이 없어지고 언제 부대로부터 돈이 나올지 알 수 없기 때문에 그리고 중국인이 아닌가, 일본군이 있어서 이처럼 그럭저럭 마차를 갖고 있을 수 있는 것이 아닌가, 약간은 봉사해도 좋지 않은가 생각해서 무료 노역을 시킨 채 귀향시켰습니다. 1944년 3월 19일부터 같은 해 6월 25일까지 산시성 링촨현 소위 분견대장으로 복무 중, 같은 해 4월 초공군 제2사, 링촨보안대와 협력하여 링촨현 치안유지회의 현 내 남북 쪽 고개 일대에서 식량 수확에 참가하고 경계를 맡았습니다. 그사이 치안유지회가 수확한 양식 총량은 불명하지만 내가 본 마차는 약 1백 대로 대체로 한 대에 400근 정도씩 적재하고 있었으며, 합계 약 4만 근 이상에 달하고 있었다고 생각합니다. 나는 이것을 보고 우리 군대가 강하기 때문에 이런 일이 가능하고 이것으로 당분간 현의 비용에도 도움이 될 것이라고 생각하였습니다. 또한 그동안 자대 병사가 닭 약 40마리 그 밖의 천류나 천으로 만든 신발 등을 약탈하였습니다. 하지만 나는 고생하면서 즐거움이 없으니까 약간은 괜찮지 않을까 생각하여 묵인하였습니다. 같은 해 5월 초 링촨-예촨디(野川底) 사이의 군용전화선이 한 번씩 절단되어 부대장으로부터 질책을 받았기 때문에 스스로 부하 분대 절반을 지휘하여 예촨디와의 중간 지점에 잠복하면서 절단하러 오는 자를 기다리고 있었습니다. 그런데 링촨현 푸청(附城)진 방향에서 일반인 옷을 입은 남자 한 명이 다가왔습니다. 나는 바로 이놈이다, 놓칠 수 없다고 생각해 부하와 함께 포위, 체포하여 부대로 돌아가 유치소에 집어넣고 밤이 밝으면서 조사를 시작하였습니다. 그런데 이 남자는 허난(河南)에서 루안(潞安)으로 가는 피난민이라면서 자백하지 않아서 나는 부하에게 고문을 명하였습니다. 큰 돌을 들고 있게 하거나 물을 먹이고 구타하여 간신히 전선 절단 기도를 자백하도록 하여 이 일로 인해 부대장으로부터 질책 당한 점수를 보충하려고 하였습니다. 그러나 목적을 이루지 못하였기 때문에 나는 이 남자가 전선 절단을 기도하여 심야에 온 것이라고 확신한다는 문서를 만들어 함께 부대 본부로 보냈으며 그 후 타이위안 쪽으로 보내졌다고 들었지만 상세하게는 모릅니다. 같은 해 5월 18일경 루안의 북지나파견 독립보병 제14여단 작전명령에 의해 링촨 분견대는 산시 초공군 제2사 지도주임 후쿠다 대위의 지휘 아래 루안-링촨 사이의 군용 자동차도로 개설을 위하여 원호에 임하는 일을 하달받았습니다. 지도부 사토(佐藤) 중위와 함께 현지 시찰을 하고 그 결과 우선 도로 건설과 그 후의 경비 거점으로 나는 링촨현 라오다이강(老待崗)이 적당하다고 주장하였습니다. 초공군, 바오안현과 합의 후 최종적으로 나의 주장이 통과되어 라오다이강에 보안대 한 개 중대를 수용할 수 있는 토치카를 건설하는 일이 결정되었으며, 부근 주민 노역의 기초를 만들었습니다. 또한 나는 공사를 시작하기까지 선전하여 주민이 자신들을 위하여 한다고 생각하도록 해야 한다고 생각하였습니다. 같은 회의상에서 링촨-루안 사이에 도로가 생기면 버스도 통과하게 되어 편리하며, 또한 링촨 지역에는 석탄, 철, 석유가 나오니까 커다란 공장이 생겨 발달한다고 선전하고 군사 목적을 은폐해야 한다고 건의하였습니다. 그 후 채용되어 현신민회(縣新民會)가 선전작업을 하고 공사 진척에 유리한 조건을 만들도록 하였습니다. 같은 해 5월 22일 나는 부하 22명을 지휘하여 상기 임무 수행을 위하여 라오다이강에 진주하고 부락 동북쪽에 살고 있던 주민 2명과 가구류 전부를 밖으로 내보냈습니다. 적의 습격 시 안전을 지키기 위하여 주민의 집 한 채 정도는 아무것도 아니라고 생각하여 총안을 벽에 뚫고 각종 진지 설비를 만들고, 주민의 집을 강탈하였습니다. 같은 달 24일부터 30일까지 해당 마을에서 토치카 및 차단 참호 건설을 위하여 약 1천 명, 마차 약 30대를 노역시켰으며, 이 일은 괴롭겠지만 주민이 팔로군으로부터 괴롭힘을 당하는 일에서 벗어나 황군 아래서 행복한 생활이 가능하다면 좋지 않은가 생각하였습니다. 또한 중국의 쿨리(苦力)[7]는 이렇게 사용되어 왔기 때문에 아무 일도 아니라고 생각해 부하에게 구타와 욕설을 해서 공사를 빨리 완성할 수 있도록 명령하였습니다. 특히 29일경 주민 중에 노인과 아이가 약 30명 왔을 때 나는 직접 일을 시키기 위하여 못 쉬게 하고 소변도 그 자리에서 보도록 하였으며, 일하는 것이 안 좋은 자는 때린다고 협박하여 아침 일찍부터 해가 질 때까지 괴롭히고 지면이 보이지 않을 정도가 되어야 비로소 돌려보냈습니다. 같은 달 30일 팔로군 약 100명이 공사현장에 방해하러 왔기 때문에 초공군 1개 단과 바오안현 1개 중대, 부하 1개 분대가 연합하여 지도부 사토 중위의 지휘 아래 팔로군을 추격하여 후관(壺關)현의 경계 부근까지 갔습니다. 그때 창싱(長行)촌 서남쪽 끝 토대 위에 팔로군의 무기, 탄약, 식량이 들어 있는 동굴을 초공군이 발견하고, 그 안으로 들어가려고 하자 안에서 사격해왔기 때문에 당혹하였습니다. 나는 사토 중위와 계책을 짜서 가스를 안으로 넣으면 좋다고 생각하여 분사성 가스 2개를 투입하였습니다. 그 전에 장작을 태우거나 물을 넣기도 했지만 효과가 없었기 때문에 나중에는 흙으로 구멍을 막고서 돌아갔습니다. 정보에 의하여 이 구멍에는 약 30명의 주민과 민병이 있었다는 것을 알게 되었습니다. 이 전투를 행하면서 부대는 창싱촌 부근에서 3명의 주민을 살해하였습니다. 또한 닭 약 40마리, 그 밖에 의류 등 다수를 약탈하였습니다. 5월 30일 밤 라오다이강 공사현장은 팔로군 제129사 약 3천 명의 공격을 받았습니다. 나는 부하와 함께 토치카의 바깥 참호에서 수류탄전을 행하였는데, 호를 기어 올라오는 병사 한 명을 권총으로 살해하고, 진지로 돌입해 오는 부대에 직접 돌격하여 한 명을 찔러 죽여 격퇴하였습니다. 아침이 되

7 쿨리(coolie)는 19~20세기 초에 걸쳐, 중국인 · 인도인을 중심으로 한 아시아계 이민자 및 하층 노동자를 주로 말한다.

어 전투가 일시 중단되었을 때 참호를 시찰하였는데, 한 명의 부상병이 구멍 속에 있는 것을 발견하고 이놈들이 있어서 전쟁이 끝나지 않는다고 생각해 도와달라고 애걸하는 것을 듣지 않고 군도로 머리를 자르고 어깨에서 심장에 걸쳐서 베어 죽이고 방치하였습니다. 아침 8시경에 진지 동쪽 약 5백 미터 지점의 토대 위에서 핑청(平城)진 방면의 부락민이 전투원의 조식을 운반하고 있는 것을 발견하고 경기관총, 박격포로 몇 분 동안 사격하여 약 40명 중 십수 명의 사상자를 내었습니다(망원경 관찰에 따름). 같은 날 오후 1시경 나는 라오다이강 부락에 가서 상황을 시찰하려고 하였는데 부락 북쪽 입구에서 다리 부상을 입고 앉아 있는 팔로군 전사를 발견하였습니다. 팔로군 병력과 부대명, 그 밖의 정보를 얻고자 하여 심문하였지만 말하지 않았기 때문에 군도로 부상한 데를 찌르고 괴롭혔습니다. 마지막으로 권총으로 죽여버리면 우리 편 상황을 알리지 않고 끝날 것이라고 생각해 머리에 사격하여 즉사시킨 후 낭떠러지 쪽으로 추락시켰습니다. 이날 아침부터 오후 2시경까지 라오다이강 부락 서북쪽에 있는 고지 위의 팔로군에 대해서 중기관총으로 사격하였으며 주민으로 편성되어 있는 이송대원 약 9명에게 손해를 입혔습니다. 망원경 시찰에 따르면 반수는 다른 사람에 의해서 운반되고 있었기 때문에 사망했거나 중상이라고 판정하였습니다. 나는 팔로군에게 협력한 주민은 모두 죽인다고 명령하여 사격하도록 하였습니다. 저녁이 되어서 나는 잔존하는 보안대와 부하 16명을 합쳐 지휘하여 팔로군의 포위를 벗어나 다음 31일 아침 9시 원래 주둔지 링촨에 도착하였습니다. 그사이 생소한 지역에다 어두운 밤이었기 때문에 지점이 불명확하여 탈출을 하려면 어떻게 해도 지장이 있어서 보초 중 팔로병 한 명을 군도로 참살하였습니다. 또한 팔로군에게 줄 죽을 운반하고 있던 농부 한 명을 붙잡아 탈출 길과 팔로군의 위치를 물었지만 명확하게 말하지 않았기 때문에 구타하고, 운반하던 죽을 적에게 주면 불리하다고 생각해 농부에게 부어버리고 그대로 전진하였습니다. 같은 해 6월 4일 여단은 링촨 지역의 팔로군을 공격하고 치안을 유지하기 위하여 토벌대 약 300명을 조직하여 파견해 왔습니다. 나는 링촨현 라오쾌이수령(老槐樹嶺) 일대의 토벌대 본부에 부하 약 20명을 데리고 참가하여 라오쾌이수령 서북방 약 6킬로미터 부근에서 5명의 농부를 체포하고 적정에 대해서 (알아내기 위하여) 고문하였으며 그 후 약탈하였습니다. 닭 약 20마리, 채소 4포대 등을 가지고 돌아왔습니다. 그 후 팔로군의 정황과 주민의 신분을 더욱 명확하게 하고자 부하 우치다(內田) 군조에게 명령하였으며, 그 결과 4명은 현사무소를 통하여 석방하고 다른 한 명은 부하가 팔로군 공작원이라고 보고 살해하였습니다. 이러한 행동 중 라오콰이수산맥 서남쪽 전투 중대는 팔로군 3명을 사살하였습니다. 같은 해 6월 18일 링촨 제1망루 동쪽 산에서 초공군 제2사가 팔로군에게 포위되어 구하기 위한 전투를 하던 중 팔로군 3명을 경기관총으로 사살하였습니다. 같은 해 6월 19일 링촨현 예촨디 일본군 초소가 팔로군에게 포위된 것을 구하러 가서 예촨디 초소 남쪽 약 500미터 지점 고지에서 포진(布陣) 중 팔로군 약 400명을 향하여 중기관총, 박격포 그 밖의 보병 화기 다수를 집중 배합 사용하였습니다. 정보에 의하면 약 30명의 사상자를 냈으며 진지에서는 1명의 전사자와 2명의 부상자가 나왔습니다. 같은 날 저녁 전투가 끝나고 나서 나는 그날 밤 예촨디를 지키는 데 탄약과 식량이 부족하였기 때문에 부대로 연락하기 위하여 초소의 중국인 사용인을 링촨으로 파견하였습니다. 하지만 그 사실을 보초에게 주의를 시켜두지 않았기 때문에 밤 9시에 돌아온 중국인 사용인을 보초가 적으로 잘못 인식하고 살해하였습니다. 나는 다음 날 20일 아침 초소 북쪽에 매장하도록 하였습니다. 같은 달 20일 나는 탄약과 식량 보급을 위하여 링촨대에 연락하였는데 인부가 없어서 수송하지 못한다는 이야기를 듣고 이런 비상시에는 공무원이든 주민이든 강제적으로 납치하여 운반하라고 명령하였으며, 약 30명의 주민 등 비전투 인원을 전장에서 봉사하도록 하였습니다.

1944년 6월 26일부터 1945년 2월 말까지 분견대장으로부터 링촨경비대(북지나파견 독립보병 제14여단 독립보병 제246대대 제1중대 통칭명 북지나파견 루[壘] 제1477부대 무라야마[村山]대) 소위 대장이 되어, 이하의 죄악을 범하였습니다. 같은 해 7월 상순 6일 동안의 전투 시 팔로군에 의하여 차단된 도로 수리를 현민을 동원하여 빠르게 완성하도록 현에 명하였습니다. 나는 지쟈핑(祭家坪)의 강바닥길로 들어가는 몇 곳의 절단된 도로 보수에 약 50명의 주민을 사용하였으며, 그중에 체력이 있는 부하 2, 3명에게 함께 들어가도록 하여 우리들도 이처럼 모두와 함께 일한다는 것을 보여주었습니다. 하지만 실제는 약간 하는 척만 하고는 주민에게 당일까지 반드시 끝내지 않으면 돌려보내지 않는다며 강제노역을 시켰습니다. 같은 해 7월 상순 나는 링촨현 치안유지회(維持會)[8]를 현공서로 승격시키는 일이 현정(縣政)을 하는 데 좋다고 생각하고, 또한 현의 유지회장과 공무원을 기쁘게 하여 일본군에게 협력시킬 수 있다고 생각하였습니다. 미야기부대장 루안육군연락부에게 이와 같은 의견을 자세히 아뢴 끝에

8 중일전쟁 시기에 일본이 점령한 곳마다 친일파 중국인을 이용하여 세운 임시 괴뢰정치조직.

현사무소를 설립하였으며 지금까지의 직원으로 현정을 행하도록 명령하였습니다. 같은 시기 나는 현보안대를 강화하고 자신의 경비 임무 일부를 맡기고자 지도하여, 군조 한 명, 조수 한 명을 파견하여 일본식 훈련을 행하였습니다. 또한 각 중대의 단결을 꾀하고 도망하지 못하도록 하기 위하여 인기 있는 장교를 중대장으로 삼아 각종 연고관계로 결합시켜 편성하였습니다. 라오다이강 전투 이후 엉망진창이 된 보안대를 한 걸음 한 걸음씩 강력한 부대로 육성하였습니다. 같은 해 7월 상순 링촨경비대의 보안대장과 현의 고토(後藤) 고문 및 보안대 지도관이 와서 현재 보안대의 식량이 부족하니 부근 부락으로 가서 먹어도 괜찮은지 물어왔습니다. 나는 당현은 치안 지역이 협소하기 때문에 주민이 거두는 식량만으로 부족하고, 어차피 팔로군에게 빼앗길 것이라면 보안대에게 건네주는 편이 좋다고 생각해 허가하였습니다. 그 후 보안대는 거의 매일 작은 부대로 나뉘어서 부락으로 가서 식량과 그 외의 것을 약탈하고 있다고 듣고 있었습니다만 수량에 대해서는 명확하지 않습니다. 같은 해 8월 15일경 링촨현 초공군 제2사 지도부에서 적발한 15명의 위장분자를 여단으로 보내기 위하여 진청현루 제1477부대장에게 연락하였으며, 나아가 직접 부하 1개 소대를 가오핑현까지 파견 호송하여 여단으로부터 파견된 미즈노(水野) 소위에게 넘겨주었습니다. 같은 해 8월 중순 링촨현 라오다이강 서쪽 약 6킬로미터 지점 산골짜기에서 노파 한 명이 동굴 입구에 서 있는 것을 행군 중 발견하여 나는 지휘반원 약간 명을 데리고 가 탐색하였습니다. 그런데 그 노파가 입구를 막고 들여 보내주지 않았기 때문에 나는 이 늙은이가 무엇을 막는가 하고 쓰러뜨렸습니다. 동굴 속에 있던 훌륭한 작은 책상 한 개, 닭 약 20마리를 부하에게 약탈하도록 하였으며 노파가 움직이지 못하고 울며 소리치는 것을 방임하였습니다. 재차 약 2킬로미터 정도 행군 지점에서 소 한 마리가 도망가고 있는 것을 부하에게 붙잡게 하여 주인이 없는 소이니까 데리고 가라고 명령하고 부대에서 먹었습니다. 같은 해 9월 상순 링촨 초공군 후쿠다 대위 지도하에서 링촨현 정부의 링촨현 동북지방 지역을 수확하는 일에 부하 약 40명과 참가하여 직접 경계에 임하였습니다. 이사이 중대는 링촨 동북쪽 약 15킬로미터 지점 골짜기 사이에 약 20채 정도의 작은 마을에서 소 한 마리와 감자 2포대 약 400근, 닭 약 15마리를 약탈하였습니다. 또한 이 행군 동안 현사무소와 초공군이 약탈한 수량은 작은 수레로 약 80대분의 잡곡과 약 40마리의 소였습니다. 9월 20일 진청현 대대 본부는 링촨현의 지도를 위하여 링촨현 라오콰이수령(老塊樹嶺) 지역 토벌을 위하여 링촨으로 전진하였습니다. 이때 미야기

부대장은 산포(山砲)를 분해하여 반송하기 위하여 민간인 짐꾼 약 80명을 가오핑현까지 차출하도록 타전해왔습니다. 나는 말이 필요할 텐데 이상하다고 생각했지만 어차피 현사무소에 소집시키기만 하면 중국인은 얼마든지 있다고 생각하였습니다. 즉시 현 고문에게 명하여 모으도록 하고 내가 직접 그들을 데리고 가오핑에 이르러 산포 및 탄약과 양식을 짊어지게 하는 노역을 시켰습니다. 이에 대해서 임금은 지불하지 않았으며 현에 대해서 부대장이 직접 지도하러 왔으니 현에게도 영광이 아닌가라고 속였습니다. 9월 22일 미야기부대장 지휘 아래 링촨현 라오콰이수령 지역의 토벌에 나는 부하 약 50명을 데리고 참가하였습니다. 마침 야간 행군을 마치고 간부를 모아 귀대 준비를 하고 있었던 때 라오콰이수령의 남쪽에 약 15명의 주민이 모여 있는 것을 발견하고 중기관총으로 사격시키고 동시에 한 개 소대를 파견하여 추격시켰습니다. 그 결과 핏자국이 두 줄 남쪽으로 이어지고 있는 것을 발견하였으며 그 피의 양으로 판단하건데 사망한 것 같다고 소대장으로부터 보고를 받았습니다. 이사이 중대는 닭 약 30마리, 전화기 하나, 전선 약 400미터를 취하였습니다. 같은 해 9월 하순 링촨현 성내에 일본군위안소를 설치하여 긴밀 단결이라는 표어 아래 보다 나은 군무에 복무하도록 하였습니다. 원래부터 있던 위안소에 더하여 방 7칸의 주민을 내쫓고 개조하여 위안소로 삼았습니다. 여기에 살고 있던 사람들에 대해서는 현이 조금이라도 돌보아주라고 형식적으로 말했을 뿐이었으며, 실제로는 성외의 부서진 집에서 일시적으로 피난 생활을 하고 있었습니다. 나는 중국인이니까 어디서나 생활할 수 있으며, 그보다 부하들이 더 중요하다고 생각해 이러한 수단을 취하였습니다. 같은 해 10월 7일부터 같은 달 11일까지 상당(上党) 지역 추계작전에 초공군 지도부 후쿠다 대위의 지휘 아래 참가하여 후관현 난싱터우(南行頭)촌에 주둔하고 있었습니다. 루안 방면으로부터 남하하는 부대와 서로 호응하여 팔로군을 포위하고자 기도하고 있었지만 끝내 남하 부대가 오지 않아 링촨부대는 본래 주둔지로 물러갔습니다. 그 사이 중대는 채소와 육류를 현지에서 약탈하여 먹었습니다. 그 수량은 채소 약 400근, 소 한 마리, 닭 약 50마리였습니다. 같은 달 20일경 나의 부대는 링촨현 푸청(附城)진 지역의 토벌을 위하여 다시 링촨으로 오게 되었습니다. 나는 부대장의 점수를 따기 위해서 아무런 연락도 없는데 현에게 민간인 일꾼 약 80명을 준비시키도록 하여 가오핑현으로 보내 지난번과 마찬가지로 산포 등의 반송을 맡기고, 무료 봉사시켰습니다. 10월 23일 링촨현 푸청진 토벌 시 사방 약 6킬로미터 지점의 마을에서 나는 부하와 함께 마을을 뒤졌으며 성냥 큰 상자 50개, 벌꿀 한 항아리, 닭 약 30마리를 약탈하였습니다. 나는 이곳은 적지구이기 때문에 신경 쓸 필요 없다고 생각하고 부하들에게 시켰습니다. 또한 귀대하면서 부하에게 가지고 오게 하면 불쌍하다고 생각해 길을 가고 있던 주민 2명을 납치하여 강제적으로 짊어지게 하였으며, 도중에 한 번 2명을 납치하여 교대시켰으며 링촨으로 돌아가 그대로 석방하였습니다. 귀대 도중 링촨현 스터우(石頭)촌에서 토벌에 참가한 초공군 보안대와 대개 함께 하였는데, 이들 부대는 주민의 농기구를 한 집에 넣고 방화하였으며, 또한 유아를 살해하였습니다. 10월 24일 링촨현 성내와 어느 일본군 위안소에서 나는 7명의 중국 부녀를 일본병의 위안부로 삼는 일을 허가하였으며, 일본인 이노시타(井下)에게 가오핑 방면에서 생활에 곤란한 가정으로부터 한 명당 좁쌀 약 100근으로 사도록 하는 영업을 시켰습니다. 나는 시골에서는 군대에 즐거움이 없기 때문에 여성을 접하여 육체적으로 위안시키면 대장에게 부모와 같은 마음이 있다고 존경하여 군무에 노력할 것이라고 생각하여 설치했던 것입니다. 나는 이 위안소 개점일에 이노시타에게 초대되어 연회에 참가하였지만 위안부는 모두가 공동으로 사용하기 때문에 대장의 품격이 떨어진다고 생각하였습니다. 또한 처녀를 독점하고 싶었기 때문에 이노시타의 아내에게 대장의 권력을 이용하여 아이 돌보는 15살이 되는 소녀를 싫어하는 데에도 강제로 방으로 밀어 넣어 강간하였으며 그 후에도 세 차례 행하였습니다. 7명의 부인은 모두 20세 이하였는데, 내가 링촨을 떠날 때에는 절반은 화류병에 걸려 있었습니다. 같은 해 12월 25일 링촨현성 동쪽 약 400미터 지점에서 경찰서에 유치되어 있던 7명의 주민을 끌어내어 초년병 부하 약 90명에게 소총으로 찌르도록 하여 급기야 살해하였습니다. 또한 살해하기 전에 한 명의 손의 혈관을 군도로 직접 잘라 혈법 연습을 행하였습니다. 나는 당시 초년병들이 찌르는 실감을 느끼게 하여 전투에 대담해지기를 바랐습니다. 그 후 부하에게 간단하게 묻어두라고 말하고 돌아갔습니다. 같은 해 12월 30일 링촨현 성내 어용상인 이노시타로부터 마차를 구하고 있는데, 모아지지 않으니 어떻게 좀 해달라는 부탁이 들어왔습니다. 나는 현사무소에 마차 20대를 군령으로 요구하여 이노시타에게 무료로 가오핑현까지 사용하도록 하였으며, 그 후 그로부터 총계 연은권(聯銀券)[9]으로 약 1천 원에 상당하는 의류, 술, 석탄 등을 받았습

9 항일전쟁 시기 괴뢰 화북임시정부가 중국연합준비은행(中國聯合準備銀行)을 설립하고 발행한 지폐이다. 중국연합준비은행태환권(中國聯合準備銀行兌換券)의 약칭이다. 1938년 발행을 시작하여 주요 유통지역은 화북의 일본 점령구였으

니다. 1945년 1월 10일경 나는 초년병과 고참병 약 80명에 대하여 부락 포위와 검색, 고문법을 교육하고 중대 전투력을 높이고자 링촨현 리이(禮儀)진을 동틀녘에 포위하고 거동이 의심스럽다고 생각되는 10명을 체포하여 조사하는 법을 교육하였습니다. 나아가 10명 중 한 명을 선정하여 중대에 연행하였으며 다른 9명은 현지에서 석방하였습니다. 귀대 후 중대위병소 앞 광장에서 각종 고문법(매달기, 물 먹이기, 구타, 중량들기 등)을 조교에게 행하도록 하고 자신은 설명하고 부하가 잘 외우도록 하였습니다. 그 후 현 고문에게 잘 말하여 돌려보내도록 명하였습니다. 같은 해 2월 20일 링촨현성 제3망루 서쪽의 숲속에서 나는 초공군 제2사 지도관 사토 히토나(佐藤仁七) 소위가 적발한 초공군 중 위장분자 한 명을 사토와 함께 구타 고문하였습니다. 이때 초공군 중에 조직되어 있다고 생각되는 자를 발견할 단서를 얻고자 기도했지만 모두 부정했기 때문에 권총으로 사살하여 골짜기에 방치하고 귀대하였습니다. 같은 해 2월 말 중대는 산시성 샹위안(襄垣)현으로 이주를 명령받았으며, 나는 중대의 병기 탄약 등을 수송하기 위하여 현사무소에 100대의 마차를 요구하고 마차 값은 루안 도착 후 야전창고에서 지불한다고 언명하였습니다. 나는 루안 도착 후 니시야(西谷) 준위로 하여금 야전창고에 연락하도록 하였는데, 대대 본부로부터 지급 받으라고 하였습니다. 때문에 나는 그런 번거로운 일은 할 수 없으며, 상대는 지나인이니까 상관없다고 생각해 100대 요구했는데 약 80대밖에 오지 않은 것을 구실 삼아 돌아가 현사무소에서 어떻게 하라고 하며 쫓아내듯이 돌려보냈습니다. 상기 이동 중 후관현 시훠(西火)진 도로 위에서 민병 약 1개 분대의 사격을 받고 지휘반을 지휘하여 응전하던 중 1명을 사살하였습니다.

1945년 3월 18일부터 같은 해 5월 14일까지 산시성 루청(潞城)현 북지나파견 독립보병 제14여단 독립보병 제246대대 제3중대(북지나파견 루 제1477부대 무라야마대) 소위 중대장이 되어 루안현 경비를 담당하며 이하의 죄행을 범하였습니다. 3월 말 눈이 내리는 것을 이용하여 부하 약 50명과 보안대 한 개 소대를 지휘하여 루청현 싼징(三井)촌을 급습하여 팔로군을 격멸시키고자 하였습니다. 그러나 사전에 감지당하여 도착했을 때는 주민도 도망 중이었습니다. 나는 중기관총으로 주민을 격추하도록 명령하고 부락 내에서 중척탄통(重擲彈筒)으

며 연은권, 일본엔과 만주국 중앙은행권(中央銀行券, 중은권)이 등가로 유통되었다. 전쟁이 끝난 후 난징국민정부는 법폐 1원 대 연은권 5원으로 태환해 주었다(何盛明編, 『财经大辞典』, 中国财政经济出版社, 1990).

로 유탄(榴彈)을 발사하도록 하여 주민에게 일본군의 위력을 보여주고자 하였습니다. 도망 중인 주민에게 입힌 손해는 불분명한데, 그 후 보안대 전부와 지휘반이 부락에 진입하여 수색했지만 인간은 한 사람도 없었습니다. 보안대는 천류와 가재도구 다수(수량 불명)를, 중대는 소 한 마리와 닭 약 10마리를 약탈하여 귀대하였습니다. 같은 해 4월 상순 루청 경비대에서 중지나파견 한 개 중대를 편성하라는 명령을 받은 나는 이즈모지(出雲路) 소위를 중대장으로 하여 각 중대로부터 전속하여 온 인원 약 120명을 한 개 지휘반과 3개 소대로 편성하였습니다. 그 후 간부와 병사의 교육 계획을 입안하고 중지나로 가서 충분히 전투력을 발휘할 수 있는 군대가 될 수 있도록 원조하여 4월 하순 부대의 검열에 합격하였습니다. 그 후 허난(河南)으로 이주하여 징한선(京漢線)[10] 연선에서 경비를 하였습니다. 같은 해 4월 초 루청현 남측 성루 위에서 일본군 신병기가 왔기 때문에 팔로군의 루청현성 공격은 불가능하다고 주민을 기만하려고 하였습니다. 나는 당시 팔로군에게 현성을 공격당하면 필패한다고 판단하고 있었기 때문에 일본군에게는 이렇게 많은 살인병기가 있다고 말하는 것으로 그 공격을 저지하고자 했던 것입니다. 그것은 중기관총을 예광탄(曳光弾)으로 사용하여 석유를 뿌린 암페라[11] 집을 사격하여 발화시키는 것으로 무엇이든 태울 수 있다고 생각하도록 한 것입니다. 나는 현 고문에게 가능한 많이 견학시키도록 노력하라고 명령하여 약 300명 가까운 주민에게 선전하였습니다. 같은 해 4월 상순 나의 부하 호리코시(堀越) 정보계 하사관은 루청현 난추이(南垂)진 방면에서 2명의 주민을 중대로 납치하여 현성 동문 밖에서 학살하였습니다. 그리고 그중 한 사람의 목을 전선으로 걸어 대중에게 팔로군 편에 서면 이렇게 된다고 무언중 교육 선전하는 행위를 허가하였습니다. 게다가 이 시기에 루청현 황디엔(黃碘)진 방면에서 주민 13명을 팔로군과 관계 있다고 납치하여 중대 유치소에 집어넣었는데, 그 지역 주민으로부터 석방 요구가 있었습니다. 하지만 나는 그런 감언에 속아서는 경비 임무는 달성할 수 없으며 팔로군과 통하는 중국인은 죽여 버려야 한다고 생각해 주번(週番)사관과 정보계 하사관에게 어떻게든 처치하라

---

10 징한철로(京漢鐵路). 원래 명칭은 루한철로(盧漢鐵路, 징광[京廣]철로의 한 부분)이다. 루거우차오(蘆溝橋), 정저우(鄭州)에서 한커우(漢口)까지의 철로로 청일전쟁 후 청 정부가 수축한 최초의 철로이다. 1898년 말 남북 양쪽에서 공사를 시작하여 1905년 11월 15일 정저우 황하대교(黃河大橋)를 완성하고 1906년 4월 1일 완전히 개통하였다. 길이 1천 214킬로미터, 징한철로라고 개칭하였다.

11 포르투갈어로 amparo. 방동사닛과의 다년초 줄기로 짠 거적을 말한다.

고 명령하였습니다. 그 후 사오토메(早乙女) 조장 등 4명의 하사관과 초년병들이 성 동쪽에서 6명은 베어 죽이고 다른 사람들은 찔러 죽인 후 그 장소에 방치하였습니다. 같은 해 4월 중순 루청 경비대장실에서 미야우치(宮内) 현 고문과 고토(後藤) 고문이 와서 보안대에서 팔로군 공작원을 체포했는데, 경비대에게 넘기겠다고 연락한 일에 대해서 이야기를 나누었습니다. 나는 대대 본부로 보낸다고 해도 한 사람 정도 손이 필요하니까 그곳에서 처분하고 그 목을 성문에라도 내걸어서 보여주자고 말하였습니다. 그 후 수일이 지나 서문을 지나갈 때 보니 목이 걸려 있었습니다. 같은 해 4월 중순 나는 부대장으로부터 리청(黎城)현에 적의 비행장이 있어서 때때로 전투기가 내리고 있다는 정보에 대해서 확인하라는 명령을 받고 보안대원 한 명과 주민 한 명을 데리고 리청현 방면을 정찰하였습니다. 그 결과 리청현성 바로 동남쪽으로 전투기 정도의 크기가 착륙할 수 있는 장소가 있다는 것을 알게 되어 나는 한시라도 빨리 부대장에게 보고하여 공로를 세우고자 급히 전보를 타전하였습니다. 같은 해 3월부터 루청현 웨이쯔(微子)진 분견대는 생활이 곤란한 중국 여성(약 25세 정도)을 부대의 잡역으로 사용한다고 기만하여 데리고 와서 약 20명의 육체 위안에 사용하고 있었습니다. 나는 그 사실을 줄곧 알고 있었지만 시골에는 오락이 없기 때문에 방임하였으며 게다가 4월 중순에는 공공연하게 허가까지 하였습니다. 또한 동시기 루청현 황디엔진 분견대장 미야야마(宮山) 준위가 토벌 나가서 황디엔진 북쪽에서 연행해온 중국 여성(연령 불분명)을 몰래 숨겨두고 매일 데리고 놀고 있다는 보고를 받았지만 미야야마는 오래된 준위로 잘못하면 말을 듣지 않으니까 하고 싶은 대로 하도록 둔다고 생각해 방임하였습니다. 그 후 그가 전임하는 5월까지 계속되었으며 그 후는 방치되었다고 들었습니다. 같은 해 4월 중순 나는 루청-루안 간 자동차도로 길을 닦으라는 여단의 명령을 받고 현사무소를 통하여 도로를 잘 닦으면 버스가 다닐 수 있게 되니까 모두 나와서 빨리 공사하라고 요청하였습니다. 각 마을에 할당 인원을 정해주고 한 주간 약 천 명을 노역시켜 자동차 길을 완성하여 여단장에게 칭찬을 받았습니다. 같은 해 4월 하순 루청현 성내 경비대 근처에서 북지나파견 루 제1474부대가 이전부터 사용하고 있던 12칸 가옥에 대해서 주민 측으로부터 요청이 있었습니다. 하지만 나는 부대의 주보위안소(酒保慰安所)로 만들어 대원들이 이용하도록 하면 어느 정도 유용하겠다고 생각하여 요청을 거절하였습니다. 그 후 개조하여 위안소 개설 준비를 현의 비용으로 하도록 하였으며 완성하기 직전에 군대는 이동하였습니다. 같은 해 4월 하순 루청현 성내 경비대 둘레에 벽이 없었기 때문에 위험하다고 생각해 현사무소에 명령하여 설계에 따라서 기와벽을 만들도록 지시하였습니다. 따라서 나는 이시하라(石原)라고 하는 병사에게 설계하도록 하여 약 20만 장의 기와와 그 밖의 목재 등을 각 마을에 할당하여 공출하였으며, 인력도 필요에 따라서 할당하듯이 현사무소에 명령하였습니다. 당시 현에서는 주민의 의견이 일로 바쁘기 때문에 농한기에 해달라는 요청이 있다고 전해 왔지만 농민보다 우리가 중요하다고 생각해 거절하였습니다. 이때부터 매일 약 30명을 출동시켜 약 20일간 무보수로 사용하였습니다. 같은 해 4월 초 북지나파견 제1군 참모장 야마오카(山岡)로부터 루청현에서 생산되는 초석을 더욱 다량으로 생산하여 군의 화약 현지 생산량을 올리라는 명령을 받았습니다. 나는 현사무소에 명하여 일본인 이노시타에게 자금과 그 밖의 것을 원조하도록 하여 생산 설비를 만들어 장래 대규모로 생산할 수 있는 기초를 세우고자 하였습니다. 이 설비는 내가 재임 중에는 가마 하나가 만들어졌을 뿐이었으며 아직 생산에 투입되지 않았습니다. 같은 해 5월 초 현사무소에 명령하여 주민에게 편의(便衣)[12] 50벌을 황군 위문의 형식으로 납입하도록 지시하였으며, 나는 편의를 부하들에게 입혀 토벌하러 나가면 전과를 올릴 수 있다고 생각하였습니다. 같은 해 5월 4일 나는 현민의 신망을 얻어 경비 임무를 완성시키고자 기도하여 현성 내 운동장에서 대운동회를 거행하였습니다. 대중을 모아 위로의 훈시를 하고 또한 운동회 개시 전 일본군도 참가한 일본식 위령제를 보안대를 위하여 행하여 사기를 고무하고 더욱 일본군을 신뢰하도록 하는 기초를 만들었습니다. 같은 해 5월 상순 루청현 난추이진 분견대 아키모토(秋本) 군조가 진지를 보수하기 위해 10명 정도의 민간인을 한 주 동안 사용하고 싶은데, 돈을 지불해줄 수 있는가 물어왔습니다. 나는 그런 일에 지불할 돈은 없으며 부근 부락민에게 무료 봉사 시키면 된다고 생각해 사무소에 지정해주라고 명령하여 공사를 완성시켰습니다. 같은 해 5월 5일경 나는 루청현성 바깥 참호가 거의 무너져 있는 것을 보고 이대로는 적 공습 시 큰일이라고 생각해 현 고문을 통하여 각 마을에 차출 인원과 파야 하는 지역을 할당하여 6월 중에 전부(약 폭 5미터, 깊이 3미터, 거리 1천 500미터) 끝내라는 명령을 내렸습니다. 각 마을이 절대로 기일을 위반하지 않도록 특별히 엄명하였으며, 현 측이 보증했기 때문에 후에는 모두 현에 맡겨 두었습니다. 공사는 대체로 나의 재임 중 한 주간 행해졌으며 내가 처음 순찰했을 때에는 약 50명 정도의

12 중국에서 기장을 짧게 하고 소매를 좁게 해서 활동하기 편하게 만든 일상복.

조가 3~4개소에서 참호를 파고 있었습니다. 나는 툰류(屯留)현으로 이주하면서 교대로 온 북지나파견 독립보병 제14여단 독립보병 제245대대 제1중대(북지나파견 루 제1476부대 8교대)로 계획안을 보내 두었기 때문에 반드시 행해졌을 것이라고 판단하고 있습니다.

1945년 5월 14일 산시성 툰류현으로 중대가 이주를 명령받았을 때 나는 자대의 병기와 군수품을 수송하기 위하여 전날 교대를 위하여 루청으로 온 8교대가 사용하던 마차 약 40대를 강제적으로 불러 세웠습니다. 이 마차를 이동용으로 사용하면 경비도 절약할 수 있고 또한 어차피 루안에서 온 놈들이니까 사용해도 좋다고 생각해 누마(沼) 조장에게 명령하여 관리시켰으며 툰류까지 무료로 수송을 시켰습니다. 또한 툰류에 도착하자 전임 경비대장 고바야시(小林) 중위가 마차가 어디 것인가 물어 와서 루안에서 당신의 8교대가 데리고 온 것이라고 설명하였으며, 계속해서 사용한다는 의견이어서 고바야시 부대의 무료 수송을 원조하였습니다. 이하 동년 8월 20일까지 나는 산시성 툰류현성에서 부하 북지나파견 독립보병 제14여단 독립보병 제246대대 제3중대(북지나파견 루 제1477부대 무라야마대)를 지휘하면서 경비대장으로 다음의 죄악을 범하였습니다. 같은 해 6월 상순 팔로군에 참가하고 있는 간부가 현내 뤄퉈(駱駝)촌 마을에 돌아왔으니 체포에 협력해 달라는 고토현 고문의 말에 따라서 나는 그런 놈을 잡으면 팔로군의 정보도 입수할 수 있고 공로를 세울 수 있다고 생각하여 부하 약 30명과 보안대 약 70명을 지휘하여 해당 마을을 포위 공격하였습니다. 그러나 그 팔로군 간부는 돌아오지 않았기 때문에 나는 보안대장과 현 고문에게 가옥을 소각하여 돌아와도 살 수 없도록 하자고 하여 부하에게 명령하여 2칸 가옥을 방화 전소시켰는데, 나는 잘 타도록 조껍질과 책상을 쌓도록 직접 지휘하였습니다. 그사이 다른 부하는 닭 약 20마리 그 밖에 천류, 천신발 등을 약탈하고 있었지만 묵인하였으며 약 한 시간 후 귀대하였습니다. 같은 해 6월 중순 나는 부하 약 7명을 지휘하여 현 내의 왕(王)촌 동남쪽 약 2킬로미터 반 지점의 어느 마을을 새벽녘에 습격하여 팔로군 밀정을 체포하고자 하였습니다. 부락 북쪽 입구에 진입하여 약 100미터 정도 지난 지점에서 바로 옆집에서 다급하게 수 명의 사복이 도망쳐 나왔기 때문에 나는 사카모토(坂本) 군조에게 사격하지 말고 쫓으라고 명하여 체포하고자 하였습니다. 사카모토는 한 명의 사복을 뒤에서 찔렀으나 결국 모두 도망쳐 버렸습니다. 그러나 약 15센티미터나 자상이 났기 때문에 그 후 사망했다고 판단하였습니다. 동시에 나팔 한 개를 취하여 그대로 귀대하였습니다. 같은 해 6월 하순 나는 창(常)촌 위우(余吾)진 상촌먀오악(上

村廟岳)의 4개 분견대장에게 금후 각 분견대의 부식품 대금은 중대로부터 지급되지 않기 때문에 각 지역에서 조달하라고 명령하였습니다. 나는 부하들이 현지의 구, 촌사무소로부터 부식품을 획득하면 좋은 것을 많이 먹을 수 있으며 중대 급양보다 좋아지니까 기쁘게 복무할 것이라고 생각하였으며 또한 중대 경비를 줄여 좋은 것을 급양하고자 생각하였습니다. 그 결과 중대는 주식과 조미품만을 지급하였습니다. 그리고 채소 3천 근(중국 근) 이상, 고기 1천 근(중국 근) 이상, 그 외 계란, 장작 등 많은 것을 무료로 납입시켰습니다. 같은 해 7월 초부터 월 말까지 나는 여단명령을 바탕으로 동로선(東潞線)을 철수한 후 자동차 도로를 개수하기 위하여 현에 명하여 매일 100명을 동원하여 노면을 평탄하게 만들도록 하였으며, 매일 마차 약 30대로 자갈을 샤뎬(夏店) 방면으로부터 운반하였습니다. 나는 지금까지 기차에 의지하여 군수송이 행하여지고 있지만 필요상 선로가 철수되었기 때문에 군수품 및 병원 왕래에 지장을 초래하면 안 된다고 생각하였습니다. 그래서 이 공사를 하루라도 빨리 완성하는 일이 자기의 성적에 크게 관계한다고 생각해 상(上)촌 창(常)촌 분견대에 재촉하여 거리 약 6킬로미터의 도로 보수와 2대의 자동차를 넣을 수 있는 방공호를 무보수로 건설하였습니다. 같은 해 7월 중순 현 내 왕촌에 팔로군 밀정이 때때로 침입한다는 정보를 현으로부터 얻고서 나는 부하 약 35명으로 해당 마을 동쪽과 북쪽을 포위시키고 보안대 약 100명으로 남쪽과 서쪽으로부터 포위하도록 하고 보안대와 현 고문에게 촌사무소를 중심으로 수색하도록 시켰습니다. 나는 이렇게 하면 대대장으로부터 명령을 받고 있던 현 내 우위안(吾元)진의 정보를 탐지하여 대대장에게 칭찬받을 것으로 생각하고 행하였습니다. 그 결과 보안대가 한 명의 팔로군 밀정 같은 자를 체포하여 조사한 결과 아직 팔로군 공작원이 누구인지 알 수 없다고 현 고문이 보고해 왔기 때문에 그 사람을 현성으로 연행하여 취조하도록 명령하였습니다. 그 후 현 고문의 보고에 따라 군용전화선을 절단하거나 철도 파괴를 하는 팔로군의 근거지가 우위안진이라는 사실을 알고 대대장에게 보고하여 토벌 의견을 내었습니다. 체포한 사람은 그 후 어떻게 되었는지 알지 못합니다. 같은 해 7월 21일 현 내 먀오웨(廟岳) 서남 왕무령(王暮嶺) 일대와 같은 날 23일 먀오웨(廟岳) 서북 방면 시(西)촌 남쪽 지역 일대에서 툰류현 사무소의 보리 수확에 부하 약 60명, 보안대 약 200명을 지휘하여, 일본군과 현의 식량이 되는 소중한 일이라고 생각해 현이 보리 수확하는 일에 지장이 없도록 전선의 경계를 섰습니다. 이사이 내가 본 것은 마차 약 150대, 인부 약 200명으로 추정량 약 50톤을 수확하였습니다. 이사이 23일

시촌 서남 약 3킬로미터 지점의 고지 위에서 경계를 서던 중 서쪽으로부터 삽을 짊어진 주민이 다가왔기 때문에 나는 부하에게 체포하여 취조하도록 하여 팔로군의 상황을 알아내 공격을 사전에 놓치지 않아야 한다고 생각하였습니다. 그러나 실제 내가 사오토메(早乙女) 조장 등 3명과 심문하였지만 (자신은) 주민이며 아무것도 모른다고 하였는데, 나는 적 지역에서 왔으면서 모르는 놈이 있겠는가 황군대장의 눈을 속일 수 없다는 것을 보여주자고 생각하였습니다. 이에 애견 시로(白)와 군견 한 마리에게 명하여 물어뜯게 하여 쓰러뜨리고 발에서부터 피가 튀어 울면서 살려달라고 부탁하였지만 나는 자백하면 도와주겠다고 협박하여 더욱 군견을 부추겼습니다. 그 결과 이 주민은 움직일 수 없는 상태까지 되었기 때문에 개에게 공격을 중지시키고 황군에게 협력하지 않으면 이런 꼴이 된다고 앞으로 잘 생각하라고 말하고 발로 걷어차 길가에 던져 방치하고 돌아왔습니다. 결과적으로 사망했다고는 생각되지 않지만 중상으로 신체 장애인이 되지 않았을까 생각합니다. 이사이에 나의 부하는 각 부락에 들어가 닭 약 30마리 그 외 중식 시 채소 등을 약탈하였는데 묵인하였습니다. 21일 왕무령 일대에서 경계를 서던 중 왕무령 동북쪽 약 2킬로미터 토대 위 동북쪽에서 달려 나온 한 명의 사복을 부하 한 개 분대와 함께 추격하여 사살시켜 마츠(松)부대의 전투에 협력하였습니다. 같은 날 8월 3일 대대 명령에 따라서 현 내 우위안진 공격에 부하 약 50명 대대, 직할 검대 약 30명, 보안대 약 120명을 지휘하여 대대의 공격에 호응하여 동쪽과 남쪽에서 해당 진을 공격하였습니다. 부락 돌입 후 나는 애써 이런 먼 곳까지 왔는데 적 한 명 없어서 화가 나서 반점[13](약 9칸의 가옥)에 방화를 명하고 나는 그곳에 있던 고량주 항아리에서 두 잔 분을 집에 끼얹어 화세를 강하게 하였습니다. 팔로군이 이번에 오면 술도 못 마시고 머물 집도 없기 때문에 곤란할 것이라고 생각하여 기뻐하면서 돌아갔습니다. 그 외 나의 부하는 대장의 방화를 보고 진의 중앙에서 불타고 있는 불을 보면서 남쪽 약 70미터 지점의 가옥(크기 불명) 3곳에 방화하였는데, 나는 나의 부하가 대장의 의도를 잘 알고 있다고 내심 기뻐하였습니다. 이 행동 사이에 해당 진의 묘 부근에서 부하가 주민 한 명을 살해하였습니다. 또한 돼지 한 마리, 닭 약 15마리, 소금 약 100병, 면 6포대를 약탈하였습니다. 약 한 시간 후 대대장으로부터 철수하라는 명령을 받고 해당 진 북쪽 약 3천 미터의 산포진지에 이르러 나는 대대장에게 지금 우

13 반점(飯店)은 여관과 식당을 겸하는 곳.

위안진을 포격하면 마침 불을 끄기 위하여 주민들이 모여 있고 팔로군도 침입하고 있으니까 손해를 입힐 수 있다고 의견을 내었습니다. 그리고 산포 10발의 사격을 허가받아 산포대장에게 지형과 부락상황을 설명하여 사격을 용이하게 하였습니다. 이 사격으로 인해 해당 부락은 더욱 불기운이 심하게 연소되어 연기에 둘러쌓였습니다만 그 손해에 대해서는 불명확합니다. 다음 날 대대와 헤어져 귀대할 때 현 내 위우(余吾)진과 우위안(吾元)진 중간에 있는 독립묘(獨立廟)에 다 방화하였습니다. 나는 전날 위우진을 출발하여 이 곳을 통과할 때 매복 공격을 당하여 당황했었는데 이런 묘가 있기 때문이라고 생각해 부하에게 방화하도록 하였습니다. 방화 후 시촌에 도착하기까지 사이에 있는 2, 3개 부락에서 닭을 잡도록 명령하여 이번 토벌의 위로회 용도로 삼고자 생각하였습니다. 돌아와서 아키모토(秋元) 조장으로부터 약 50마리를 얻었다고 하는 보고를 받았으며 그날 밤 모두와 함께 먹었습니다. 위의 행동 중 시촌에 대해서 나는 중 척탄통으로 약 15발 사격을 명하여 주민 중에 혼입되어 있는 팔로군을 살해하고자 하였습니다. 정보에 의해 주민 수 명이 중경상을 입었다고 하는 사실을 알았습니다. 같은 달 9일 루(壘) 병단(兵團) 명령에 따라서 나는 집성 중대장이 되어 약 120명의 일본군과 상당다오(上黨道) 보안기동부대 약 200명을 지휘하여 현 내 펑이(豊義)진을 공격하고 팔로군 근거지의 수색과 병단작전을 유리하게 이끄는 임무를 수행하였습니다. 해당 진 공격 시 나는 주력을 지휘하여 중앙도로에서 적과 접전하였으며 그사이에 부락 동쪽의 제방에서 부하가 주민 한 명을 찔러 죽였습니다. 부락에 돌입한 후 부대를 부락 서쪽 지점에 두고 경계를 서도록 하고, 지휘반은 부락 중앙의 반점에서 경계를 서도록 명령하였습니다. 이 공격 시 오른쪽에서 공격한 한 소대는 부락으로부터 도망가는 사람들을 사격하여 3명을 죽였다는 보고를 받았습니다만 나는 도망가는 놈은 팔로군과 같다고 보아 그대로 두었습니다. 당일 8시경 나는 부락 중앙의 삼거리에서 시미즈(清水) 오장이 백성 한 명을 체포하여 구타해 쓰러뜨리는 것을 보았습니다. 시미즈가 어떻게 할까요라고 묻는 것에 대하여 이런 곳에서 자백하지 않는 놈은 팔로다 죽여 버리라고 명령하였습니다. 따라서 시미즈는 직경 약 40센티미터의 큰 돌을 쓰러져 있는 주민의 머리 위로 떨어뜨려 머리를 박살내어 살해하고 그 장소에 그대로 방치하였습니다. 해당 진에 있는 동안 부대는 반점을 들쑤시고 밀가루 약 640근(중국 근), 돼지 2마리, 닭 약 20마리, 그 외 식용유, 술, 채소 등을 약탈하였습니다. 나는 중식 후 해당 진 서남쪽의 3칸 가옥으로 부대 간부 수명을 인솔하고 가서 직접 방화하였으며, 불장난은 어린 시절부터 좋아했다고 말하며 방화는 언제라도 할 수 있는 것이 아니니까 하는 방법과 묘미를 잘 맛보라고 말하면서 (방화 시범을) 보여주었습니다. 나의 이런 행동을 왼쪽에서 도와준 호리소대와 보안대 약 80명은 장즈(長子)현 진(金)촌과 펑(豊)촌 일대에서 소 약 15마리를 약탈하였습니다. 그중 5마리를 내가 받고 보안기동 부대장과 교섭하여 일본 말 한 마리와 교환하는 약속을 하였습니다. 이 약속은 그 후 패전하여 소는 넘겨주었지만 말은 수령하지 못하였습니다. 후에 소 10마리는 전리품으로 자신의 공적을 올리기 위하여 전투사령소에 넘겨주었습니다. 상기 행동 중 장즈 사무소는 장즈현 바오터우(鮑頭)촌과 펑이(豊義)진 사이에서 양식 수집을 하였으며 그 수량은 명확하지 않지만 마차 수백 대를 준비하고 있다고 장즈현 고문으로부터 들었습니다. 8월 10일 소련 동맹의 참전으로 작전이 중지되었으며 장즈현 스저(石哲)진에서 원대 복귀를 명령받았습니다. 장즈현 녠장(碾張)촌을 통과하여 툰류현으로 귀대를 결의하여 전진하던 중 녠장촌 서쪽 약 4킬로미터 부근에서 휴게하다가 팔로군에게 추격을 당하여 부하 한 명이 전사하였습니다. 때문에 나는 서둘러서 퇴각을 명령하였습니다. 녠장촌을 통과하면서 제1소대를 해당 촌 남쪽 끝으로 전진시키고 본대의 부락 통과를 원호하도록 하였습니다. 이때 나는 부하는 살해당하고 팔로군에게 추격당하고 있다는 적개심과 패배감으로 사람을 보면 체포하고 도망가는 놈은 죽이라고 명령하였습니다. 이 때문에 제1소대는 해당 마을에서 방화하여 약 350칸의 가옥을 불태웠으며 주민 20명을 구덩이에 묻어서 살해하였습니다. 나는 이 부락의 동쪽 끝에 있는 묘를 방화하고 팔로의 마을을 소각하여 두 번 다시 사용할 수 없도록 하여 자신의 기분을 낫게 하고 부하의 원수를 갚아준다고 생각하며 명령을 내렸습니다. 그 후 더욱 행동에 나서 바로 그 묘의 동쪽 약 15미터 지점에서 코우헤이(光兵)소대가 동쪽으로부터 마을로 돌아오고 있던 주민을 약 3미터 벼랑 아래로 떨어뜨려 하반신을 못 쓰게 만드는 것을 발견하였습니다. 나는 현장으로 가서 발로 허리를 차고 자신의 마을을 팔로군에게 사용하도록 한 놈은 죽어버리라고 하면서, 부하가 죽었다며 더욱 발로 차서 아마도 살아나도 장애자가 될 거라고 생각하여 방치한 채 퇴각하였습니다. 같은 해 8월 18일 툰류현성 내 중앙로에 있는 합작사(合作社) 창고가 민중에게 습격당하여 구조해 달라는 현 합작사 고문으로부터 보고를 받았습니다. 나는 사사키(佐々木) 소위 이하 약 20명을 출동시켜 진압하였습니다. 나는 일본이 패배했다고 바보 취급하기 때문이라고 위력을 보여주겠다고 생각해 사사키를 포함하여 출동시켰습니다. 그동안 소대가 노파 한 명의 안면에 전치 일주일의 타박상을 입혔다는 보고를 받고 나는 그것은 상대가 나쁘기 때문이라며 그냥 두라고 명령하여 치료를 하지 않았습니다. 민중 약 50명은 전부 해산시켰습니다. 그해 8월 20일 툰류현을 철수할 때 샹위안(襄垣)현 샤뎬(夏店)진에 집결을 명령받았을 때 나는 사사키 소위 이하 약 30명을 중대의 현성 철수 원호를 위하여 잔류시켰는데, 그들은 철수 마지막에 주민 3명을 사살하고 후퇴하였습니다.

1945년 6월부터 8월까지 사이에 나는 부하 분견대에 대하여 팔로군의 공작원에게 특별히 주의해야 할 것과 하루 한번 반드시 행동할 것을 하명하고 자신의 경비 성적을 올리도록 기도하였습니다. 이를 위해 위우진 분견대장 와다(和田) 군조는 이사이에 팔로군 공작원(그중 한 명은 그의 아내) 4명을 살해하였으며 현 내 시촌에서 전후 2회 방화와 약탈을 하였습니다(수량 그 외 불명확). 창촌 분견대장 호리코시 군조는 8월에 주민 3명을 팔로군 공작원 용의자로 살해하였으며, 허베이톈(河北田)보안대는 현 내 먀오얼령(廟兒嶺) 일대에서 약 300마리의 양을 그해 7월에 약탈하여 그중 2마리를 내가 받았습니다. 또한 행동 중 장즈현 바오뎬(鮑店)진 분견대의 일본병사들에게 중국 부녀 강간의 기회를 주었습니다. 같은 해 8월 하순 친(沁)현성 둥산난스거우(東山南石溝) 북쪽 고지에서 경비를 서던 중 (부하 약 80명) 친현 공격 시 중상을 입은 팔로군 전사 2명이 진지 전방 약 100미터 고지의 반대 측 방탄호 안에서 죽기 일보 직전에 있는 것을 발견하였습니다. 우치다(內田) 중위와 둘이서 이제 전쟁이 끝나서 살인도 할 수 없으니 수류탄 시험을 해보자고 하여 중국제 수류탄과 일본 97식 수류탄을 각 한 개씩 가랑이와 가슴에 붙여 조그마한 소리로 살려달라고 부탁하는 것을 들으면서도 발화시켜 즉사시켰습니다. 역시 일본제 수류탄은 효력이 좋다며 찢긴 신체를 그대로 두고 돌아왔습니다. 같은 해 9월 2일 나는 루안 육군병원 경계대의 중위대장으로 친현으로부터 타이위안까지 열차 수송 임무를 수행하였습니다. 당시 둥친선(東沁線) 완퉈(萬駝)역과 쯔워(子沃)역 사이의 몇 개 부락에서 돼지 한 마리, 닭 10마리, 채소 3포대의 징발을 명하고 어차피 두 번 다시 올 일이 없으니 먹는 만큼 이득이라고 생각해 약탈하여 부대에서 먹었습니다.

나는 일본 군대 시기에 47건 198명을 살인하였습니다. 그 안에 항일군 6건으로 39명입니다. 내용은 사살 3건으로 4명, 수류탄으로 1명, 포격 2건으로 24명입니다. 팔로군에 대한 살인은 14건으로 52명으로 그 내용은 사살 9건 46명, 수류탄 살해 2건 3명, 베어 죽이기는 2건 2명, 찔러 죽이기는 1명입니다. 주민에 대한 살해는 24건 110명이며, 그 내용은 사살

8건 35명, 가스 살해 2건 21명, 찔러 죽이기는 6건 19명, 돌로 죽이기는 2건 2명, 베어 죽이기는 2건 8명, 매장 살해는 1건 20명, 태워 죽이기는 1명, 상황 불명확한 것이 2건으로 4명입니다. 방화는 11건으로 묘 2개와 민간 가옥 375칸 이상을 방화하였습니다. 노역은 15건으로 8천 95명, 마차 6건 1천 110대입니다. 강간은 5건으로 11명, 고문 구타는 13건으로 18명입니다. 약탈은 양식 12만 4천 근(중국 무게), 닭 398마리, 소 58마리, 돼지 5마리, 채소 7천 4백 근, 기와 20만 장, 소금 약 100킬로그램, 밀가루 880근(근은 모두 중국 근), 그 외 작은 책상 2개, 모로 만든 깔개 2장, 전화기 1대, 전선 약 400미터, 벌꿀 1항아리, 성냥 50포, 나팔 1개, 그 외 천류, 천신발 등 다수입니다. 체포 2건으로 2명, 인부 납치 5건으로 40명, 적발 탄압 4건으로 67명, 특무선전정보 6건, 반동교육과 지도 4건으로 870명입니다. 가옥 몰수는 2건으로 19칸, 가옥 파괴 1건으로 3칸입니다. 의복 징발 1건 50벌을 행하였습니다.

1945년 10월부터 1946년 3월 상순까지 산시성 친현성 내 북지나파견 독립보병 제14여단 독립보병 제246대대 제3중대(북지나파견 루 제1477부대 무라야마대) 중위 중대장으로 복원하기까지 대대 직할 중대로서의 임무에 복무하면서 이하의 죄행을 범하였습니다. 1945년 10월 하순 나는 보병 포대의 조껍질 수집을 원호하라는 대대 명령에 따라서 부하 약 60명을 지휘하여 현성 남쪽 놘류(暖流)진 건너편의 어느 마을에 이르렀습니다. 촌장에게 강제로 요구한 조껍질 약 1천 킬로그램을 보병 포대에게 집적시켰으며 그사이에 부하는 소 한 마리를 죽이고, 닭 약 30마리, 좁쌀 약 750근을 약탈하고 있었습니다. 이를 보고 전쟁에 져서 아무 좋은 것을 먹을 수 없고 또한 중국인 것이니까 대수로운 것도 없어 취하는 것이 득이라고 생각해 묵인하였습니다. 약탈물은 귀대 후 대대 본부와 중대에서 먹었습니다. 1946년 1월 하순 친현성과 카이(開)촌 중간 하류에 심어져 있는 나무를 잘라서 복귀할 때 난방용 목재로 쓸 목적으로 나는 부하 약 50명과 군수품 차 5대를 지휘하여 현지에 도착하여 나무를 벌채할 것을 명령하였습니다. 그때 부락민이 마을의 것이니까 하지 말라고 말했지만 나는 이런 나무 정도 중요하지 않으며, 그보다 복귀할 때 기차 안에서 떠는 것보다 이것이 낫다고 생각하여, 말을 알아듣지 못하는 척하며 끝내 군수품 차 5대분의 나무를 베어서 귀대하였습니다. 그 후 대대의 숯 만드는 곳에서 목탄으로 만들었습니다. 같은 해 2월 상순 제2전구가 행한 둥친(東沁)작전에서 난거우(南溝)에 있던 누노카와(布川)부대(북지나파견 루 제1475부대)가 출동하였는데, 병력이 근소하였기 때문에 팔로군의 습격을 받을 위험성이 있으니 여단은 북지나파견 루

제1477부대에게 한 개 중대를 모아 응원 출동하라는 명령을 해왔습니다. 나는 대대장 모리(毛利) 대위로부터 이 일을 듣고 자원하여 참가를 신청하였습니다. 급거 모집하여 이루어진 중대 약 110(중기창[重機槍] 하나, 경박격포[輕迫擊砲] 하나 포함)을 편성하여 우샹(武鄕)현 난거우(南溝)로 전진하였습니다. 나는 팔로군에게 지지 않고 복귀할 수 있는 최후의 전투가 될지도 모른다고 생각해 증원 임무를 완수하였으며, 누노카와 부대의 팔로군과의 전투에 지장이 없도록 하기 위해 제2전구 군에 공헌하여 난거우 거점을 수비하였습니다. 같은 해 2월 중순부터 3월 상순 사이에 나는 산시 잔류공작으로 아래와 같이 행하였습니다.[14] 나는 옌시산이 일본군의 잔류를 희망하고 있다고 들어서 지금 귀국하여도 미군이 있어서 그런 놈들 보고 싶지 않고, 또한 이겨서 돌아가는 것이 아니라 져서 돌아가는 것은 재미없다. 그보다는 약한 제2전구 군을 강하게 만들어 공산군에 반대하여 조금이라도 돈과 물건을 가지고 돌아가서 편하게 살고 싶다고 생각하였습니다. 그를 위해서는 한 사람이라도 많이 병사를 잔류시키는 일이 유리하다고 생각하여 잔류 활동을 하였습니다. 나는 부대 부관 다나카(田中) 중위, 포대장 고타니(小谷) 중위와 셋이서 어떻게 하면 각 부대의 병사를 많이 남길 수 있을까에 대해서 2월 15일에 여단장 모토이즈미(元泉) 소장(少將)[15]과 전보로 상담하였습니다. 350명은 반드시 잔류시킬 자신이 있다는 결의를 보이고 그 후 3명이 각 중대의 병적 명부에 따라 할당 인원을 정하였습니다. 그 인원에 달하지 않을 때는 대대 전부가 귀국할 수 없다고 협박하였습니다. 특히 각 중대장에게 대대장의 이름으로 협박하여 부관실에 할당 차출 인원의 많고 적음을 나타내는 그래프를 게시하여 각 부대가 경쟁하여 차출하도록 하였습니다. 그 때문에 각

---

14 이나바 이사오(稻葉績, 13권)는 귀국 후 산시성 잔류가 상부의 명령에 의한 것으로 국가가 이에 대한 책임을 져야 한다고 생각하였으나, 일본 정부는 산시성 잔류 일본군들에 대하여 도망자로 간주하여 국가의 책임을 부인하고 있다. 무라야마 하야토의 잔류 관련 증언은 여단장과 장교가 병사의 잔류에 어떻게 개입하였는가에 대해서 엿볼 수 있는 중요한 부분이다.

15 모토이즈미 가오루(元泉馨, 1893. 5. 1~1948. 7. 15)는 일본 육군소장, 제14여단장, 옌시산 제10총대장이었다. 일본 에히메(愛媛)현 출신이다. 1915년 일본 육군사관학교 제27기 기병과를 졸업하였으며 1939년 10월 일본군 수색 24연대장으로 중국 동북 변경으로 부임, 1940년 제17사단 참모장이 되어 일본군 화북파견군에 속하였다. 1942년 8월 만주국 군사고문, 1943년 일본 육군소장으로 진급하였다. 침략전쟁이 확대되면서 주요 임무가 만주국 군관을 키워내는 일이었다. 1945년 3월 독립 제14여단 여단장이 되었으며 투항 후에도 옌시산군에 적극적으로 들어가 이름도 위안취안후(元全福)로 바꾸고, 제7집단군 중장 부사령이 되어 산시의 일본군 6만 명 중 1만 명을 잔류시키고자 하였다. 결과는 2천 600여 명이 옌시산부대에 참가하였다. 1947년 5월 독립 제10총대로 개편하여 타이위안 수이징공서 중장 부사령이 되었다. 1948년 6월 진중전역(晉中戰役)에서 부상을 입고 7월 16일 포로가 될 수는 없다면서 부하에게 자신을 쏘라고 명령하여 사망하였다.

부대는 인원을 지명하거나 협박, 기만, 유혹 등 모든 방법으로 할당하여 인원 차출에 전념하였습니다. 나의 자대에선 사사키(佐々木), 아라키(荒木), 히키(比木) 세 소위와 인사계 누마(沼) 조장 등에게 매일 부하를 한 명씩 불러서 기만 설득하여 잔류를 결의시켰습니다. 또한 나는 정신 훈화 형식으로 중대장이 남기 때문에 안심하고 갈 수 있다고 선전하고 다른 대원에 대하여서도 잔류공작을 하였습니다. 이사이에 나는 다나카 중위와 함께 모토이즈미 여단장에게 잔류 상황을 매일 타전하여 장래 좋은 지위를 받고자 하여 행하였습니다. 그 결과 자신의 중대는 42명, 대대 전체에서는 365명의 인원을 잔류 결의시켰으며 3월 8일 내가 지휘하여 여단사령부 소재지 치(祁)현 난퇀포(南團拍)로 전진하였습니다. 마음속으로 이것으로 대성공이라고 생각하였습니다. 같은 해 2월 중순 대대 내 각 중대로부터 차출된 약 80명의 물자수집대가 친현 놘류(暖流)진에 도달하였을 때 팔로군 약 200명에게 포위되어 혼전이 되었습니다. 이때 나는 친현 성벽 위에서 이를 발견하고 바로 가까이의 기타가와(北川) 산포대에게 사격하여 구출하도록 연락하여 수류탄 25발을 사격하도록 하였습니다. 물자수집대는 약간의 손해는 입었지만 모두 뿔뿔이 흩어져 간신히 포의 원호 아래 귀대하여 나는 대대장에게 기지를 표상받았습니다. 나는 일본군이 팔로군에게 당하면 금후의 생존이 걸린 문제라고 생각해 이것을 쳐부수어 일본군을 구조해야만 한다고 생각하며 행동하였습니다. 팔로군의 손해는 불명확합니다. 같은 해 2월 하순 부하 다카세(高瀨) 상등병이 친현 남문 보초 중 바로 앞 민간의 중국 부인(당시 주인 부재로 독거 중)을 강간하여 산시군 헌병에게 유치되었습니다. 나는 이 일을 알고 당시 마침 주번사령을 하고 있어 다행이라고 생각하며 일본군이 산시군에게 우습게 보이는 것을 참을 수 없다고 격분하여 헌병대로 갔습니다. 그러나 헌병대장은 완고하여 피해자가 요구하는 손해배상 은화 20매를 내면 돌려보내겠다고 말하였습니다. 나는 '이놈이 감히'라고 생각했지만 여기서 일본군을 자부한들 해결되지 않는다고 생각해, 이 병사는 앞으로 중국에 잔류하여 옌시산에게 충성을 맹세하였으니 용서하라고 자세를 낮추어 병사 석방을 허가시키고 손해배상도 지불하지 않았습니다. 나는 더러운 지나 여자 한 사람 정도 범한다 해도 문제될 것 없는데 거만하게 군다고 생각하였습니다. 언젠가 일본이 강해져서 다시 돌아올 것이니 잘 봐두라고 생각하였으며 강간 같은 일은 조금도 개의치 않았습니다. 같은 해 3월 하순 옌시산군 산시 수복철로공로 공정총대 제6공정대(山西 修復鐵路公路工程總隊 第6工程隊) 육군중위 중대장으로 부하 96명을 지휘하였습니다. 옌시산군의 자오청서우(趙承授)

사령의 명에 따라서 산시군이 손해를 많이 내어도 탈취할 수 없었던 치현 라이위안(來遠)진 남쪽 고지를 포병 원호 아래 공격하여 점령하고 법폐 백만 원을 상으로 받았습니다. 이사이에 포로 한 명(사령관으로 보내다), 수류탄 약 5백 개를 획득하였습니다. 나는 잔류 첫 번째 전투이며 이에 따라서 금후 일본인에 대한 옌시산의 태도가 결정된다고 생각하였습니다. 또한 당시 3인 소조가 와서 국공 세력 분계선이 결정되기 때문에 한 발이라도 많이 적 쪽으로 나아가는 것이 유리하다고 듣고서 위험을 무릅쓰고 전투를 행하였습니다. 같은 해 4월 중순 산시수복철로공로 공정총대 제6공정대는 타이스(太石)현 성내에 주둔하고 있었습니다만, 3인 소조가 일본 무장부대가 있는 것을 파악하고 조사하러 온다고 누노카와(布川) 공정대장으로부터 들었습니다. 나는 지금 여기까지 왔는데 귀국하게 되면 목적을 달성할 수 없다고 생각해 어떻게 해서라도 탈출하고자 생각하였습니다. 누노카와를 독려하여 타이위안에 있는 모토이즈미 여단장과 무전 연락하여 제6공정대를 군용열차에 싣고 이것을 위츠화물창(楡次貨物廠) 지선으로 넣은 후 3인 소조 열차는 타이스로 달리게 하여 어려움에서 벗어날 것을 결정하였습니다. 대원을 동원하여 전 인원과 군수물자를 적재하였습니다. 타이위안 남군영에서 산시수복철로공로 공정대 제6공정대는 3인 소조에 의한 잔류 발각을 두려워하여 상황을 관찰하고 있었습니다. 그런데 제2전구로부터 공정대 조사를 위하여 부대로 온다는 정보에 따라서 부대는 재차 이를 피하여 잔류 목적을 달성하기 위하여 타이위안현에 이주할 것을 결정하였습니다. 나는 이주에 관한 대장 회동 자리에서 적극적으로 의견을 내는 등 가장 발각될 우려가 있는 마필의 수송을 스스로 수락하여 강우를 이용하여 사람 눈에 띄지 않는 사이에 길을 통해서 무사하게 타이위안현에 약 80마리의 마필을 수송하였습니다. 나는 여기까지 잔류하기 위하여 노력하여 왔는데, 귀국하게 되면 큰일이라고 생각하였습니다. 또한 이제부터 앞으로 일본 무장을 보존하고 자신을 지키기 위하여 그리고 팔로군에게 이기기 위하여 특히 포, 총, 말은 필수적이라고 생각하여 노력하였습니다. 같은 해 8월 상순 산시성 타이위안현 서(西)군영 제2전구 군보안총대 보안대 6대대 중위 제1중대장으로서 복무 중 잠편(暫編)독립 제9총대의 1개 연대가 타이위안현성 시산(西山) 일대로 진출하는 팔로군 약 200명을 토벌할 것이니 지도해달라는 의뢰를 받았습니다. 나는 부하 다섯 명과 함께 참가하여 이를 공격하던 중 팔로군이 퇴각하기 시작했기 때문에 놓칠세라 소총을 잡고 양취(陽曲)현 바이자장(白家莊) 서남쪽 약 3킬로미터 지점의 산지에서 가장 끝에서 달리는 지도원 같은 한 명을 사격 부상시켰습니다. 그는 보행이 어려워 병사에게 부축받으면서 퇴각하였습니다. 같은 해 8월 하순부터 부대는 재차 타이위안시 남군영으로 이주하여 나는 이하의 죄악을 범하였습니다. 같은 해 8월 하순 부대는 제2전구군이 실시하는 서우양(壽陽)작전에 참가하였으며 나는 제1중대장으로서 부하 약 60명을 지휘하여 이틀간 종군하였습니다. 첫 번째 날 오후 서우양현 쑹터우(松頭)진 서남쪽 약 8킬로미터 지점의 어느 마을 북쪽에서 부대 수송대가 팔로군 소부대의 공격을 받았습니다. 이때 나는 지휘반원 수 명을 데리고 이를 추격하였는데, 부하가 한 명을 사살하여 벼랑 아래로 떨어뜨렸습니다. 서우양현 쑹터우진 도착 후 숙영 준비를 위하여 부하에게 여기는 팔로군의 근거지이기 때문에 창틀 등 아무거나 장작으로 쓰고 채소 등도 가져가도 좋다고 허가하였습니다. 그 때문에 팔로군 병원의 창문 8곳을 파괴하고 돼지 한 마리, 벌꿀 한 항아리, 채소 약 200근(중국 무게), 닭 약 6마리, 솥 하나, 작은 솥 하나를 약탈하였습니다. 다음 날 철수를 위하여 전진하던 중 서우양현 쑹터우진 서북쪽 약 6킬로미터 지점에서 주민이 두고 도망간 소를 발견하고 나는 타이위안에 데리고 돌아가 모두 함께 먹고자 하여 부하에게 끌고 오도록 명령하였습니다. 그러나 이 소는 부대의 전진 속도보다 느렸기 때문에 마침 지나가던 나귀와 강제적으로 교환하여 타이위안에 데리고 돌아가 매각하여 대원과 회식에 사용하였습니다. 같은 해 12월부터 1947년 3월까지 제2전구 야전군 간부훈련대 제2중대 중위 주임교관으로 부하 5명과 함께 파견되어 약 120명의 하사관교육을 실시하였습니다. 그사이 보병과 일반교육 계획을 일본군식으로 입안하여 보병 3개 중대 훈련의 기초를 쌓았습니다. 또한 중대장 상위(上尉) 허후이밍(賀慧明)에게 일본군식의 교육을 요구했기 때문에 그는 항상 생도를 구타하여 나의 제재를 받았으며 같은 해 12월 하순 연습 출장 시 정문에서 발을 맞추지 못하는 생도를 발견하고 작은 십자삽으로 등을 때려 치료 2주의 부상을 입혔습니다. 나는 그것을 묵인하였으며, 매일 강도 높은 구보를 행하고 생도가 기진맥진하여 괴로워하는 것을 보고 그 정도로는 팔로군에게 이길 수 없으며, 일본병과 비교하면 전혀 제대로 못한다고 모멸하여 반혁명군 사람을 양성하였습니다. 1947년 2월 상순 훈련대 부대장 이와타 세이치(岩田清一)의 명을 받고 타이위안시 방위를 위하여 자신이 지도하는 제2중대를 지휘하여 약 한 주간 타이위안시 남쪽 제1선 훠(伙)촌 양자바오(楊家堡)에 주둔하여 교육을 겸한 경비에 임하였습니다. 이사이에 타이위안 방위를 위하여 필수적인 양자바오 친셴(親賢)촌 지구의 포병 화력 급거 집결지대 예정지를 조사하여 팔로군의 진공로와 집결하기 좋은 지점을 판정하여 보고하였습니다. 또한 양자바오 펀허(汾河) 도하 지점 부근의 상황을 조사하여 보고하고, 타이위안 방어에 관한 타이위안 경비사령부의 계획 입안에 협력하였습니다. 이것으로 이 방향의 팔로군에 대해서는 철저하게 타격을 가할 수 있었다고 생각하였습니다. 같은 해 3월 중순 나는 보안총대사령부 독립보병대 중위 부대장이었는데, 제2전구군 친훈(親訓)단 위관(尉官)대 제2중대장으로 파견되어 약 130명의 생도에게 위관교육을 실시하였습니다. 그사이에 나는 산시군의 근간이 되는 위관을 일본식으로 교육하면 반드시 팔로군에게 이기는 군대를 양성할 수 있다고 생각하여 교육 계획과 연습 실시 계획을 작성하고 인쇄 제본시켜 훈련 성과를 올리기 위하여 노력하였습니다. 같은 해 3월 중순 생도 아무개가 하카마(일본옷의 겉에 입는 주름 잡힌 하의-역주)의 물건 넣는 곳에 손을 넣고 복도를 걸어가고 있는 것을 일본계 교관이 발견하고 뒤에서 구타하였습니다. 이때 해당 생도가 부근에 있던 총검으로 찔러 죽이고자 하는 것을 주변 생도에 의해 저지된 사건이 발생하였습니다. 나는 이 보고를 듣고 일본군에게 반항하는 놈은 팔로의 공작원이 틀림없다고 생각하였습니다. 또한 이번 기회에 엄격한 태도를 취해 두지 않으면 교관이 우습게 보여 어느 사이에 잔류할 수 없게 된다고 생각하였습니다. 그래서 바로 총대장 야마오카 미치다케(山岡道武)에게 요청하여 총대 위병소에 유치시켰으며 그 후 장관부에 보내졌다고 들었지만 결과는 알 수 없습니다. 같은 해 3월 21일 타이위안시 진양학원(晉陽學園)에서 가고시마현인회(鹿兒島縣人會, 경천회[敬天會])가 발족된다고 들어서 자진하여 참가하였습니다. 우에다 히데마사(上田秀正) 회장과 쓰지 무네모리(辻宗盛) 등의 간부와 처음 면담을 하고, 대선배 사이고 난슈(西鄕南州)의 대륙진출론과 금후 현인의 대륙진출 거점으로 이 모임을 완고하게 발전시켜야 한다는 담합을 하였습니다. 주연을 열어 가고시마 사투리로 서로 이야기하고 가족과 아이들이 가무를 하면서 단결을 견고하게 하였습니다. 이 모임은 그 후 2번 열렸지만, 1948년 9월 대부분의 회원이 귀국하면서 자연스럽게 해산하였습니다. 같은 해 8월 하순 나는 모토이즈미 타이위안 수이징공서 군사고문의 명을 받고 위츠(榆次) 주둔 잠편독립 제10총대 제3단의 내부상황(간부의 동정과 단결 면에서)을 조사하기 위하여 위츠로 갔습니다. 1박 2일 주재하면서 조사를 행하고 단장 스미오카(住岡)를 더욱 주의하여 유도하지 않으면 이와타 세이치(岩田清一) 측에 완전히 붙어 모토이즈미가 기도하는 동북 진출을 위한 장악을 할 수 없다고 보고하였으며 모토이즈미는 더욱 동북 진출을 위하여 노력하라고 이야기하였습니다. 나는 산시보다 둥베이에서 활약할 수 있으며 모토이즈미에 붙어 있으면 좋은 지위를 얻을 수 있다고 생각하여 더욱 충성을 맹세하였습니다. 같은 해 9월 상순부터 같은 해 11월까지 친훈사 제2단 제3영 지도관을 명령받고 타이위안 시자오(西郊)의 완파이린(萬拍林)에서 보병 3개 중대, 박격포 한 개 소대, 중기관총 한 개 중대, 통신수송 한 개 소대, 합계 약 600명의 교육을 행하였습니다. 옌시산의 호랑이새끼(虎の子)부대 훈련에 노력하였습니다. 나는 교관에게 이 교육의 성과 여하가 일본 군인이 금후 옌시산에게 이용될지 어떨지의 경계라는 사실을 인식시켜 일본군식으로 맹훈련을 행할 것과 특히 위장분자의 파괴 활동에 주의하여 훈련을 거부하는 자를 엄격하게 경계하라고 명하였습니다. 때문에 각 중대에서 약 10명 내외의 환자(주로 발진열)를 발생시켰음에도 불구하고 훈련을 쉬지 않고 힘들게 하여 그중 4명이 사망하기에 이른 지경까지 옌시산을 위하여 노력하였습니다. 이사이에 연습을 위하여 약 1정보 정도의 경지를 황폐하게 만들었으며, 나는 팔로군을 타파하는 군대를 훈련하는 일이기 때문에 이 정도의 일은 아무것도 아니라고 생각하며 허가하였습니다. 같은 해 12월 초부터 1948년 8월까지 타이위안 수이징공서 교육총대 사령부 신생학교 사감으로 타이위안 성내 사령부에서 42명의 학생을 장래 우리의 대륙 경영 후원자로 양성하기 위하여 복무하였습니다. 12월 16일 학교의 개원까지 나는 교사의 설비와 비품의 구입, 입교생의 휴대물품 품목의 결정, 입교 시험에 관한 통첩 작성 등에 대하여 종일 준비하였습니다. 또한 입교 시험 시 구두 시험관의 일원이 되어 군인정신이 왕성하여 장래 일본군의 골간이 될 수 있는 인원을 선정하였습니다. 또한 그들로 하여금 대륙 잔류와 옌시산에게 충성을 맹세하게 하기 위하여 개교식에 명예교장으로 옌시산을 참여하게 하고 군악대를 불러 식을 엄숙하게 한다는 의견을 내어 실현시켰습니다. 개교 후 생활은 모두 일본사관학교 양식으로 엄격하게 행하였으며, 특히 자유주의적 경향에 반대하였습니다. 나는 이 42명이 확고한 군인정신을 지니고 졸업하는 그날 각 단의 중심 인물이 되어 일본 군대 부활의 기초가 된다고 생각하였으며, 후배 양성과 일본 부흥의 일익이 되는 공을 세울 수 있다고 생각하며 노력하였습니다. 더욱이 같은 해 12월 말 모토이즈미 고문으로부터 장래 둥베이(東北) 진출 시 좋은 간부로 삼겠다는 격려를 받고 나는 더욱 감격하여 노력 훈련하였습니다. 1948년 3월 상순 제2전구 군단급 간부의 진지 공격 시범 연습을 이마무라 총대장이 실시했을 때 나는 타이위안성 동쪽 산지에서 대항군 진지를 구축하고 신생 학생을 사용하여 해당 연습의 성과를 올리기 위하여 노력하였습니다. 나는 일본인의 체면과 옌시산군 간부의 전투 기술 향상을 생각하여 일본인 잔류가 커다란 의의가 있다고 믿고 행하였습니다. 같은 해 4월 초부터 같은 달 28일까지 교도총대는 타이스현 옌(閻)촌에 주둔하여 산시군의 판(范)촌 지역에서 방어 진지 구축을 지도하였습니다. 나는 총대사령부의 직위대(直衛隊) 부대장으로 신생 학교 생도 약 30명을 지휘하여 참가하였습니다. 같은 달 하순 타이스현 판촌진 북쪽 지역 숙청작업과 타이스현 관자이(官砦)촌 지역 행동에서 대령 부대장으로 부하의 약탈에 자신도 참가하여 독려하였으며 당나귀 한 필, 닭 약 60마리, 돼지 2마리를 약탈하였습니다. 당나귀는 타이위안으로 가지고 돌아가 해방 직전까지 부대에서 사용하였으며 그 후 은화 15매를 받고 매각하여 착복하였습니다. 나는 어차피 적의 지역인데다 학원생에게 좋은 일이라고 생각하도록 하기 위하여 그리고 자신도 맛있는 것을 먹을 수 있다고 생각하여 솔선하여 범하였습니다. 또한 판촌 진지 구축 현장에서 나는 일본군 시대부터 알고 있는 잠편독립 제9총대 부관장(副官長) 왕궈둥(王國東)과 협의하여 망루의 사격구와 진지에 팔로군이 접근하기 쉬운 지점에 대한 화력 배치 등에 대해서 지도하였습니다. 팔로군이 공격해왔을 때 보다 많은 손해를 입힐 수 있도록 열심히 지도하였습니다. 같은 해 6월 하순 타이위안시 남군영 청년군관단 제5대대 대령 대리 대대장으로 복무 중 진중(晉中) 지역의 정세가 점차 우리 군에 불리하게 되어 타이위안 방어를 굳히지 않으면 안 되는 일이 결정되었습니다. 특히 비상 시 제5대대는 타이위안 성벽의 남반부와 서쪽을 방어하게 되어 나는 현지를 시찰하여 제5대대의 성벽 방어 계획을 면밀하게 작성하였습니다. 그 후 단의 통일 연습에 참가하는 데서 나아가 진지 강화를 위한 의견 특히 포격에 대한 대응에 관여할 것을 채용해야 한다고 강조하였습니다. 그 후 타이위안 해방전에서 청년군관단은 전투에 나가 해방군에게 손해를 입혔습니다. 나는 타이위안이 함락되면 전도가 없으며, 이 성만 확보해 두면 반드시 우군이 와서 구출할 것이라고 생각해 이상의 행위를 하였습니다. 같은 해 7월 1일 진중 작전에 출동 중 교도총대의 전세가 좋지 않아 사령부 호위를 위하여 신생학원이 출동한다고 듣고 나는 이런 후방에서 교육 같은 것 하고 있을 수 없다며 빨리 가서 이마무라 총대장을 안심시켜야 한다고 생각하여 가지 않아도 되는데 지원하여 참가하였습니다. 이때부터 같은 달 16일 탈출하여 타이위안에 돌아가기까지 나는 직위대(直圍隊)의 중핵이 되어 대령 부대장이었지만 대장과 마찬가지의 행동을 하였습니다. 같은 해 7월 11일 타이스현 원리칭(溫李靑)촌에서 난좡(南莊)으로 철수할 때 총대는 팔로군의 급습을 받고 혼란스러웠으며 사령부는 이마무라 총대장과 나와 신생 학원생 수 명이 되었으며, 총대 수송대와 환자대는 이미 습격을 받고 있었습니다. 나는 원리칭 동쪽 약 2백 미터 지점에서 우선 해방군으로부터 수송대를 탈출시키기 위하여 지휘 깃발을 가진 지휘원을 소총으로 사살하였으며, 그 후 제방에 숨어서 다가오는 3명의 전사를 발견하고 총대장이 살해되면 큰일이라고 생각해 수류탄을 던져 폭살하였습니다. 다음 12일 나는 타이스현 총대사령부의 옥상에 학원생 약 10명을 올려 직접 적정 감시에 임하였으며, 동틀 무렵 부락에 진입해 있던 해방군이 부락으로부터 탈출하는 것을 발견하여 나는 약 십수 발의 소총탄을 쏘아 3명의 전사를 살해하였습니다. 다음 13일 총대는 해방군의 포위가 압축되어 공격이 격화되는 것을 보고 시판(西范)촌으로 퇴각을 결의하여 바로 행동을 개시했지만 이미 해방군은 부락으로 진입하여 도로를 행진하고 있어 사격을 당하는 상황에 놓여 철퇴 불능에 빠졌습니다. 이때 나는 이대로 내가 먼저라고 싸우고 있다가는 적에게 전멸된다고 생각하여 검을 뽑아 기와가 쌓여 있는 벽을 부수고 탈출로를 만들어 총대의 위험을 구조하였습니다. 같은 날 16일 타이스현 시판촌에서 산시군 주력과 교도총대는 해방군에게 포위되어 탄약과 식량이 부족하여 탈출을 강행하는 것 이외에 방도가 없는 지경에 이르렀습니다. 나는 산시군의 부총지휘를 하고 있던 모토이즈미 가오루(元泉馨)가 있는 곳으로 가서 금후 행동에 대해서 들은바 결국 해방군과 정면으로 전투하거나 아니면 야밤을 이용하여 탈출할 것인가 두 가지 방침만 정해졌는데, 아직 결정하지 않았다고 모토이즈미가 말하였습니다. 나는 후자가 좋지만 그대로는 포위망을 돌파할 수 없기 때문에 일본인을 구출하여 타이위안을 지키기 위해서는 산시군의 약한 부대가 정면에서 공격하게 하는 함정을 쓰고 우리는 탈출하는 것이 가장 좋은 전법이라는 의견을 내었습니다. 모토이즈미 자신도 대체로 동의한다고 하여 이 안으로 결정하게 되었습니다. 그날 밤 탈출을 준비하고 있을 때 해방군 포격이 치열해져 부대는 사분오열하였습니다. 나는 신생 학원생 6명을 지휘하여 이마무라 총대장의 신변을 호위하여 추거우현성(除溝縣城) 남쪽을 돌아 다음 17일 무사히 타이위안에 도착하는 임무를 다하였습니다. 같은 해 8월 중순부터 하순에 걸쳐 교도총대 이마무라 총대장이 타이위안 주변의 방어 진지 지도를 위하여 출장하였을 때 나는 총대장에게 만약의 일이 있으면 안된다고 생각하여 소총을 가지고 직접 경계에 임하였습니다. 또한 수시로 의견을 내어 타이위안 수이징사무소에 대한 책임을 이마무라가 다할 수 있도록 가능한 원조하였습니다. 활동 지역은 동쪽으로 다오마(悼馬), 과디거우(瓜地溝), 위린핑 시링(楡林坪 西嶺) 북쪽으로 양취샹양뎬(陽曲向陽店), 남쪽으로 친셴(親賢)촌

이 제1선 진지이었습니다. 이에 따라서 타이위안 수이징사무소는 더욱 진지를 강화하고 타이위안 방어전을 준비하였다고 듣고 있습니다. 같은 해 9월 1일부터 나는 타이위안시 청난(城南)구의 타이위안 수이징사무소 교도총대 군사교육 제2단 대령 교육작전 주임 겸 제3중대장을 맡았습니다. 특히 나는 목전에 닥친 타이위안 공방전에서 해방군에게 필승하지 않으면 생명에 관계 있다고 생각해 간부의 전쟁 기술과 무기 기술을 향상시키도록 열심히 특별교육을 행하였습니다. 또한 군기의 엄정함을 극단으로 요구하여 대해방군전을 준비하였으며 사관과 사병이 타이위안 해방에 반대하도록 사상적으로도 무기적으로도 훈련하였습니다. 같은 해 9월 상순 최후의 귀국이 행해지게 되었을 때 나는 옛 부하들에게 타이위안은 괜찮다 내년 봄까지 힘내면 큰돈을 받아서 귀국할 수 있다고 기만선전하였습니다. 한 사람이라도 많은 일본인 특히 자신의 측근을 남기는 일이 안전하다고 생각해 몇 십 명 정도 인원에게 귀국을 단념하도록 시도하였습니다. 그리고 우수한 대원 5명을 잔류시켜 타이위안 해방전 중 해당 단의 제1선 지휘관으로 고용하였습니다. 같은 해 9월 상순 군사교육 제2단의 귀국을 희망하는 대원들은 단이 가지고 있는 일본군 시대 군수품을 매각하여 은화로 교환하여 각자에게 분배하라고 요구하였습니다. 이에 대하여 나는 자신도 받을 수 있고 또한 귀국하는데 아무것도 없으면 불쌍하다고 생각하여 그들에게 맡겨, 은화 약 120매를 받아 사적 용도로 사용하였습니다. 군수물자를 매각하여 얻은 금액은 확실하지 않지만 은화 약 1만 매에 달할 것으로 생각합니다. 같은 해 9월 중순 진중작전 중 포로가 되었습니다. 귀대한 6명의 중국 대원에 대하여 교도총대 사령부로부터 전출시키라는 전달이 있었습니다. 때문에 나는 그들을 모아 규정이기 때문에 지금 방법이 없지만 하루라도 빨리 귀대할 수 있도록 노력할 것이니까 건강하게 다녀오라고 기만하여 보냈습니다. 그 후 분명하지는 않지만 반간단(返幹團)[16]으로 보내졌다고 판단하고 있습니다. 나는 당시 어차피 팔로군의 붉은 교육을 받은 놈은 필요 없다고 생각하고 있었습니다.

같은 해 10월 16일부터 같은 해 11월 14일 사이에 타이위안 둥산(東山)작전에 참가하여 이하의 죄악을 범하였습니다. 16일 21시경 나는 군사교육 제2단 제3중대장으로 부하 약 60명을 지휘하여 둥산은광에 야간 경계를 위하여 진지 정찰 중 적 방향으로부터 한 명의 사

16 옌시산이 산시에서 백색테러를 하기 위하여 만든 조직.

복차림의 남자가 다가왔습니다. 적정을 물어보았는데 모른다고 하여 적 방향에서 온 자가 그런 바보 같은 일은 없다고 생각하여 진지로 오도록 하였는데, 내가 뒤로 도는 순간 도망하려고 했기 때문에 나는 이놈 놓칠까보냐 하여 권총으로 머리를 쏘아서 사살하고 그대로 방치하였습니다. 같은 해 10월 20일 단은 타이위안 둥산뉴퉈사이(東山牛駝塞) 'ㅁ'의 고지를 점령해야한다는 명령을 받은 나는 제3중대를 지휘하여 해당 고지 남쪽에 부하 약 60명을 데리고 진출하였습니다. 해당 지역에 방어 진지 구축 중 적 측으로 통하는 해자를 따라서 팔로군 전사 한 명이 다가와서 포로로 잡아 조사하였습니다. 우리 정면으로 팔로군 약 3개 대가 있다고 하며 자신은 일본군 시대 핑야오(平遙) 딩슈(仃休) 등지에서 철도 공무단(工務段)에 있었다고 익숙하게 이야기했기 때문에 나는 팔로에게 잡혀서 지금까지 고생했다고 생각해 후방전투사령소로 보냈습니다. 같은 달 23일경 우리 단 진지 'ㅁ'고지에 팔로군 약 1개 분대가 침입하여 왔습니다. 나는 직접 중기 하나에 시급하게 발사를 명하여 3명을 죽이고, 나아가 나는 소각해버리겠다고 생각해 예광탄 약 30발로 한 명을 사격하여 결국 태워 버렸습니다. 같은 달 28일경 나는 자신의 제3중대 부대가 나이가 어려서 전투를 두려워하는 것을 보고, 이놈들은 번거롭게 전투를 독려하거나 직접 선두에 서서 이끌지 않으면 안 된다고 생각하였습니다. 적의 저격을 받는 진지 앞에서 한 명의 약한 병사 아무개를 끌어내어 철조망 보수를 시켜 그 결과 부상을 입혔습니다. 또한 당일 야포탄이 격렬하게 낙하하는 진지에 싫어하는 18세 정도의 젊은 2명의 병사를 경기관총 사수와 탄약수로 강제적으로 사수를 시켜 포탄 아래서 죽게 만들었습니다. 나는 중국인 한 사람이나 두 사람 정도의 죽음이야 일본인의 죽음으로 바꿀 수 없다고 생각하여 행하였습니다. 같은 해 11월 1일 해방군의 공격은 치열해지고 우군 교도 제3단 진지포 토치카는 탈취당하였으며 해방군이 일렬로 각개 약진으로 진지에 진입하고 있었습니다. 나는 이것을 발견하고 진지의 후방이 절단되면 큰일이라고 생각해 중기 총 하나로 사격시키고 그와 함께 직접 자신도 소총으로 사격하여 3명(그 밖에 2명은 불확실한 점 있음)을 사살하였습니다. 당일 오전 이시즈카 쓰루오(石塚鶴雄) 단장이 중상을 입고 나는 단장대리를 명령받고 이후의 전투 지휘를 행하였습니다. 당일 오후 나는 'ㅁ'고지 서쪽 끝에서 포 토치카의 상황을 감시 중 같은 방향 전투사령소의 방향으로부터 반군과 같은 옷을 입은 병사 한 명이 진입해 오는 것을 보고 나는 적과 아군의 식별이 약간 어려웠지만, 어차피 중국인이라면 나의 사격 기능을 보여주고자 생각하여 사살하였습니다. 이 병사가 우군이라는 사실이 그 후

분명해졌지만 신경 쓰지 않았습니다. 당일 14시경 해방군은 이미 진지 안으로 침입하여 왔습니다. 부하들이 혼란해 하면 지휘할 수 없게 되니까 나는 해방군이 침입해 있는 동북쪽에 대해서 이것을 저지하기 위하여 중척탄통 하나를 가지고 진지 동쪽으로 나와 사격을 행하였습니다. 이때 부상병 3명이 전장을 이탈하고자 노력하고 있는 것을 보고 나는 이놈들을 살려두면 또 우리를 괴롭힐 것이라고 생각하여 사격을 집중하여 폭살하였습니다. 이시즈카 단장, 오카모토(岡本)단 소속 고지마(小島) 제3중대장 대리의 단 간부는 모두 중상을 입고 더 이상 퇴각할 수 없었기 때문에 이대로 해방군에 투항하겠다는 결의를 나에게 보였습니다. 나는 이 사람들이 공산군에게 포로가 되면 돌아가려 해도 돌아갈 수 없게 된다고 생각해 탈출할 수 있다 힘내라고 격려하면서 결심을 바꾸도록 하였습니다. 나는 상황을 확인하기 위하여 단부(團部)를 나왔습니다. 그때 해방군 전사 한 명을 참호 안에서 만나서 수류탄으로 살해한 후 이시즈카단장에게 진지는 더는 어려우니까 빨리 탈출하자고 이야기하여 직접 탈출로를 보여주어 무사 성공시켰습니다. 단은 마침내 전투사령소에 위치한 뉴퉈우사이(牛駝塞) 전파탐지기 진지 남쪽 지역의 방비로 이전하였습니다. 같은 해 11월 10일경 나는 단의 전투 인원수가 점차 감소해가는 것 때문에 전투에 자신을 잃고 움직일 수 있는 자는 한 사람도 남김없이 이 전투에 참가시켜 진지를 지키겠다고 생각하였습니다. 자단 후방에서 휴양 중인 부상병과 체력이 약한 병사 약 30명을 강제 출동시켜 참가하지 않는 자는 부대를 퇴거시키겠다고 협박하여 자신의 진지를 고수하는 병사를 마지막으로 보충하였습니다. 같은 달 14일 해방군은 포의 원호 아래 전파탐지기 진지에 대하여 최후 공격을 행하여 왔습니다. 나는 이곳을 탈취당하면 타이위안은 끝장이라고 생각해 단 전력을 이 안에 집중하여 부하의 전장 이탈을 방지하기 위하여 가와하라(川原) 부관과 교대로 전투를 독려하고 스반팡(石板房) 진지에 돌입하는 해방군전사를 측방에서 중기창 중척탄통 등으로 난사하여 많은 손실(불명확)을 입혔습니다. 나아가 나는 부하에게 전투를 맡겨두고 직접 중척탄통을 들고 해방군을 사격하였으며, 마지막에는 점차 부하들이 도망하여 나가는 것을 파악하고 경기관총(輕機)을 바꾸어 도망하는 자는 사살한다고 선언하였습니다. 그러나 해방군의 용감한 돌격에 어찌할 수 없이 점차로 부하들은 도망하였기 때문에 실제로 죽이지 않으면 말을 듣지 않는다고 생각하여 해자를 따라서 도망하는 7명의 부하를 경기관총으로 쏴서 일거에 살해하여 간신히 일시적으로 단의 전투체제를 정비하였습니다. 같은 해 11월 하순부터 1949년 4월 19일까지 타이위안 수이징사무소

교도총대 군사교육 제2단 전선부대장(무라야마[村山]대로 칭하여 포병 제3군의 하나의 단위)으로 타이위안 북쪽 약 3천 미터의 워추산(臥處山)에서 대령 포병대장의 임무를 다하면서 이하의 죄악을 범하였습니다. 1948년 11월 하순 나는 자신의 부대가 해방군에게 당하여 전력이 약해져 총대보다도 중시되지 않게 되었다고 생각하였습니다. 이에 무엇을 해도 부하를 많이 갖는 것이 필수사항이라고 생각하여 이마무라 총대장에게 해산이 예정되어 있던 교도총대 교도일단은 무라야마와 이전 동일 부대 사람이 있기 때문에 반드시 단결할 수 있으니 이들을 자신의 지휘하에 넣어달라고 요구하였습니다. 이것이 받아들여져 당시 필요하다고 생각한 포병대를 편성하는 일이 가능하였습니다. 같은 해 11월 하순부터 나는 연말에 걸쳐서 빨리 포병기술을 습득시키지 않으면 해방군의 공격에 대비할 수 없다고 생각하였습니다. 외출과 휴가금지, 휴게시간 단축 등을 행하고 또한 훈련에서는 일본군식의 구타와 부동자세 등의 제재를 극력 요구하였습니다. 이를 통해 약 30명의 간부병사에 대하여 일본군 포병 제1기 정도의 전투 기능을 부여하였습니다. 1949년 1월 하순 워추산 자대에서 적발된 위장분자가 총대 사령부 정공처(政工處)의 손에 의해서 군중대회가 개최되어 사형될 것이라는 말을 들었습니다. 그런데 이런 일은 귀찮고 어차피 적의 공작원일테니 사령부에 맡겨 죽여서 모두에게 본보기로 삼으면 부대의 단결에도 좋다고 생각해 어떠한 제지도 상세하게 내용을 듣지도 않아 결국 사령부 손으로 총살하도록 하였습니다. 사체는 워추산 서쪽 끝의 광장에다 묻었다고 들었습니다. 같은 해 2월 11일 교도총대는 타이위안 수이징사무소의 명령으로 타이위안 둥산 뉴퉈사이로부터 타이위안 북비행장을 사격하는 적의 가농포 진지를 파괴하여 공수(空輸)의 순조로움을 확보하고자 하였습니다. 이를 달성하고자 이마무라 총대장은 제3포병 무리를 지휘하여 포격을 행하였습니다. 나는 부하 산포 3대를 지휘하여 총대장 명령 아래 사격 지휘를 하여 계 약 30발을 발사하여(순발 유탄) 포병의 집중 효과를 위하여 노력하였습니다. 나는 적의 포를 파괴하지 않으면 공수할 수 있는 식량, 탄약의 보급이 어려워질 것이라고 생각하여 사격을 행하였습니다. 결과는 타이위안 수이징사무소의 정보에 의하면 파괴되었다고 보고되었습니다(박격포 1문). 같은 해 2월 하순 나는 타이위안 수이징사무소가 거행한 타이위안 방어진지강화 연구회에서 교도총대를 대표하여 2일간 참가하였습니다. 그사이 타이위안 쌍탑사(雙塔寺) 일대의 제1선 진지 견학을 할 때 진지가 각개로 흩어져 있어 연계성이 없다는 것과 거점 방어에서 상호 사사측사(斜射側射) 요령을 일본군식으로 가르쳤습니다. 이것으로 해방군에게 커다란 손해를 입히는 일이 가능하다고 보아 제1선 군대를 격려하였습니다. 그 외 타이위안 동쪽 제1선의 다오마(悼馬), 서쪽 진지와 산터우좡(山頭莊)을 견학하고 교통참호를 1미터 70센티미터 이상으로 하여야 한다는 의견을 내어 손해 감소법을 고안하였습니다. 야간 타이위안 수이징사무소에서 행한 연구회에서 솔선하여 연구소조를 지도하였습니다. 방어 진지의 강화를 꾀하기 위하여 특히 포격에서 병사를 보호하는 일이 전투에 안심하고 종사시킬 수 있는 유일한 방책이며, 정신상으로의 훈련과 대책을 강조하였습니다. 나아가 중공군이 채용하고 있던 일본 보병 교범식의 방어 진지를 각 부대가 채용하는 일이 전투에 승리하는 근본이 된다고 발언하였습니다. 해방군의 손실을 보다 크게 하기 위하여 생각하고 노력하였습니다. 같은 해 2월 하순 타이위안 자원조사사에 책임자 쓰지 무네모리(辻宗盛)가 자원조사사 해산으로 인하여 생활이 곤란하다고 하여 나의 워추산 진지로 왔습니다. 때문에 나와 같은 현 출신이기도 하고 여러 가지 정보 수집에 익숙했기 때문에 그를 이용하여 자단 후방에 있는 단장 이하의 언동을 조사하고 특히 해방군의 공작 인원에 대한 경계를 맡겼습니다. 당시 입대가 금지되어 있던 것을 하야사카(早坂) 총대 참모장에게 특별히 의뢰하여 허가받아 중령 대우로 앞서 서술한 임무에 취임하였습니다. 나는 그 후 그로부터 수시로 보고를 받을 수 있어서 안심하고 제1선에서 복무할 수 있었습니다. 같은 해 3월 상순 나는 현재대로는 단의 통일 단결이 어렵다고 보아 커다란 전투력은 발휘할 수 없다고 생각하였습니다. 이시쓰카단장 이하 후방에 있는 약 12명의 사람들에 대하여 전투할 의지가 없는 놈들이라고 판정하고 금후 자신이 단장이 돼서 단을 통솔할 수 있는 것이 자신을 위한 일이며 해방군에게 커다란 손해를 입힐 수 있다고 생각하였습니다. 이마무라 총대장과 협의하여 단에서 나와 총대사령부로 전속하였습니다. 그 후 나는 대령 단장으로 워추산에서 지금까지 보다 그 이상으로 군국주의적 방법을 써서 나쁜 급여급양으로 부하들을 타이위안 최후의 날에 제공하기 위하여 맹훈련을 하였습니다. 같은 해 4월 중순 나는 해방군의 공격이 개시되면 워추산의 현 진지에 있다가는 반드시 산시군에게 버려져 큰일이라고 생각하였습니다. 제2선 진지로 퇴거 요령을 생각하여 손실이 나오지 않도록 하는 연습 계획을 입안하였으며, 나아가 제2선 진지에서의 야간 사격법에 대해서도 연구하여 요도(要圖)를 부쳐서 사령부에 제출하였습니다. 하야사카 참모장의 인가를 얻어 타이프로 쳐서 각 단에 분배하고 더욱이 이마무라 총대장은 이것을 참고하여 각 단은 연습하라고 명령하였습니다. 그 후 연습 검열까지 하였으며 이에 따라서 교도총대의 전투역량에 대해서 자신을 갖게 되었습니다. 나는 이 일로 이마무라 총대장으로부터 은화 100여매를 받아 각 대원에게 노력을 격려하기 위하여 분배하였습니다. 같은 해 4월 23일 밤 나는 타이위안시 성내 다베이먼(大北門) 그리스도교회 북쪽 채소밭에 산포 1문의 진지를 점령하고 약 130발의 사격을 행하였습니다. 나는 지금 해방군이 대체로 타이위안 북역의 철로를 공격할 준비 위치를 설정하고 있다고 판단하여 마구 발사시켜 해방군의 공격(24일)을 방해하였습니다. 또한 돌아올 때 남은 포탄 약 20발을 밭에 묻으라고 명령하고 귀대하였습니다. 공격 준비 위치에 대해서 해방 후 듣고 보니 대체로 적중하였습니다. 손해는 불명확합니다.

나는 옌시산군에 있었을 당시 살인 18건으로 총계 37명을 살해하였습니다. 그 내용은 해방군 9건으로 21명(사살 8건 20명, 수류탄 살해 1명), 주민 살인 1명, 해방군 공작 인원 용의자 살인 1명(모두 총살), 그 외 우군을 독전하여 사살 1건 7명, 폭살 1건 2명, 우군 사살 1명, 혹사 후 병사 4건으로 4명이었습니다. 팔로군 지휘원 부상 1명이 나오게 하였습니다. 포로는 해방군 전사 2명입니다. 약탈은 양식 약 750근(중국 무게), 나무 벌채 치중차 5대, 닭 96마리, 조껍질 약 1천 킬로그램, 소 3마리, 돼지 3마리, 야채 약 300근, 대소 솥 각 1개, 벌꿀 큰 항아리 1개, 수류탄 약 500개, 당나귀 2마리를 약탈하였습니다. 특무선전정보 2건, 산시 잔류 일본인 자제교육 1건과 옌시산군교육 5건, 계 922명을 교육하였습니다. 가옥 파괴 1건으로 창 8개를 소각하였습니다. 옌시산군대에 대한 군사 원조 2건, 우군을 팔로군 포위로부터 구출한 것 2건이 있습니다. 산시 잔류공작의 주요한 것은 2건으로 계 370명을 잔류시켰습니다. 강간 원조 1명, 자대 파쇼화 공작 2건, 부대 자산 처분 1건, 은화 수령 2건으로 약 120매입니다. 타이위안 방어 계획에 대한 원조 4건입니다. 위장분자의 죄명으로 송치한 자 1명, 해방구로부터 돌아온 부하를 송치한 것 1건 6명입니다. 잔류를 고무하는 모임 참가 3건, 그 외 전투 사냥 1건으로 약 30명, 연습에 의하여 전답 황폐화 약 1정보, 해방군 포병 파괴 1건 1문과 옌시산군 고급간부 연습 원조 1회가 있습니다. 국제법 위반 2건입니다.

1949년 4월 24일 해방되면서부터 1950년 10월까지 나는 타이위안시 동얼다오항(東二道巷) 타이위안 경비사령부 일본 포로 대대(일찍이 한번 위쯔 창이진[長疑鎭] 및 샤오동먼[小東門]을 불법 점유한 바 있다-중역)에서 반장, 부구대장, 구(區)대장을 역임하면서 이하의 죄악을 범하였습니다. 1949년 11월 하순 타이위안시 청베이 강철창(城北鋼鐵廠) 앞 자동차 도로 약 600미터를 포장공작하던 중 나는 빨리 완성시키기 위하여 구대장의 지위를 이용하여 대원에게 포장의 두께는 5센티미터 정도(규정은 15센티미터)로 좋으나 모르게 하라고 하여 기한보다 빨리 완성시켰습니다. 이 부실 때문에 도로는 연말부터 수차례 균열이 생겨 봄에는 많은 곳이 파괴되었습니다. 나는 해방군은 산원숭이라 뭘 알겠는가, 건설을 파괴하는 것이 일본을 위하는 것이라고 생각하여 이상의 행위를 행하였습니다. 위의 기간 중 나는 대원이 도로 가까이 있는 전선이 사용되지 않는 것을 알고 약 200미터를 훔친 것을 묵인하고 그들이 매각한 돈으로 부식품을 사서 먹는 것을 허용하였습니다. 나는 어차피 일본군시대에 설립한 것 아닌가, 해방군에게 주고 싶지 않다고 생각하여 이 파괴행위를 허용하였습니다. 같은 해 9월 타이위안시 스판가(師範街)의 포장공사 중 나는 구대장으로서 약 30명을 지휘하여 약 60세제곱미터의 모래씻기를 속여서 물을 위에서부터 붓기만 하고 완료한 것처럼 하여 돌아왔습니다. 나는 이렇게 평상시보다 일찍 돌아가는 일은 대원들도 기뻐할 것이며 또한 해방군의 건설 같은 것은 아무래도 좋다고 생각하여 행하였습니다. 1950년 3월부터 9월까지 나는 치과치료자 인솔 책임자로서 카도가와(角川)치과의원을 출입하면서 노상에서 옌시산시의 군관, 통역과 담화하고 일본과 해방군 중공에 대한 반동뉴스를 취득하여 이것을 부대 내에 전파하고 생도의 개조교육을 저지하였으며 귀국까지 일본 군국주의사상을 이어가기 위하여 노력하였습니다. 같은 해 6월 나는 일본 포로 대대를 위하여 일과시간, 노동내용, 학습내용 등을 편성하여 편지에 써서 반공전단과 그 밖의 선전에 사용하였습니다. 또한 하루라도 빨리 이 괴로운 일본군인을 귀국시키라는 운동을 광범위하게 일본에서 해주도록 하기 위하여 일을 하였습니다. 같은 해 8월 일본 포로 대대에서 나는 구대장의 지위를 이용하여 각 반의 반동사상이 농후한 자들에게 조선전쟁은 공산당에게 불리하며 패배할 것이며 지금 여기에서 개조해도 아무것도 안 되며, 그 안에 미국이 들어와서 귀국할 수 있다고 귀국렬을 부추켜 생도의 개조를 저해하였습니다. 같은 해 10월 나의 제1구대는 위쯔현 위안궈(源渦)진에서 하천제방공사에 종사하였습니다. 그 사이 약 보름 동안 나는 마르크스주의에 반박하는 이론을 배워서 생도가 올바른 이론을 배울 때 반대하는 근거를 갖추어 두고자 생각하였습니다. 일본에서 발행된 노동수용소에 관한 설, 가치설, 생산에 관한 설 등에 관한 저술을 매일 아침 3시 반경부터 일어나서 사람들이 알아채지 못하도록 공부하였습니다. 나는 이처럼 일관되게 반공행위를 하였습니다.

나는 1949년 4월 24일 해방되어 군의 관리를 받고 있을 때 반공선전 활동 4건을 하고 게다가 타이위안 건설사업에 대한 파괴행위 4건, 즉 전화선 200미터를 훔치고 600미터의 포장도로공사 파괴, 60세제곱미터의 건설용 모래 씻기 부실 등을 행하였습니다. 나는 일본군 옌시산군 및 해방 이후 시기에 총계 이하와 같이 죄악을 범하였습니다. 즉 살인은 65건 235명으로, 그 내용은 팔로군에 대해 23건 73명(사살 16건 63명, 수류탄 살해 4건 7명, 베어 죽이기 2건 2명, 찔러 죽이기 1건 1명)으로 그중 20건 69명은 전투 중에 행하고 후의 3건 4명은 전투 시 외에 내가 직접 행한 것입니다. 항일군에 대해서 6건 29명(사살 3건 4명, 수류탄 살해 1건 1명, 포격 살해 2건 24명)에서 그중 5건 27명은 전투 중에 행하고 1건 2명 사살은 전투 시 외에 내가 행한 것입니다. 주민에 대해서는 25건 111명(사살 9건 36명, 가스 살해 2건 31명, 매장 살해 1건 20명, 찔러 죽이기 6건 19명, 베어 죽이기 2건 8명, 돌로 죽인 자 2건 2명, 태워 죽이기 1건 1명, 살인수단 불명의 살인 2건 4명)으로 그중 전투 중이었던 것은 4건 28명으로 내가 명령하여 부하에게 행하게 한 것이며, 전투 시 외에 21건 83명 중 자신이 행한 것은 5건 24명(사살 2건 2명, 찔러 죽이기 1명, 돌로 살인 1명, 가스 살인 1건 20명), 부하에게 하도록 한 것 14건 57명(사살 3건 6명, 찔러 죽이기 5건 18명, 베어 죽이기 2건 8명, 매장 살해 1건 20명, 태워 죽이기 1건 1명, 살해수단 불명 살인 2건 4명), 명령에 의해서 죽인 것 2건 2명(가스 살해와 돌로 죽이기 각 1명)입니다. 팔로군 공작인원 및 용의자에 대한 살인은 5건 8명으로 내가 사살한 자 1명, 명령을 내리고 부하가 행한 것 3건 6명(베어 죽이기 1명, 찔러 죽이기 1명, 살해수단 불명 4명), 상급으로 하여 살해하게 한 것이 1건입니다. 그 밖에 혹사하여 죽음에 이르게 한 것 4건 4명(교육훈련), 전투 독려를 위한 자발적 사살 1건 7명, 사수를 명하고 포격에 의하여 죽게 한 자 1건 2명, 우군 1명, 계 7건 14명이 있습니다. 팔로군 지휘원에 대해서 내가 부상을 입힌 자가 1명 있습니다. 고문 구타는 13건 18명, 강간은 5건 11명, 원조는 1건 1명입니다. 방화는 11건으로 묘 2개와 민가 375건 이상을 태웠습니다. 노역은 15건으로 8천 95명, 마차 징발은 6건으로 1천 110대입니다. 포로 체포는 4건 4명, 해방구로부터 귀대 시 대원을 송치시킨 것 1건 6명, 위장분자의 죄명으로 보낸 자 1명입니다. 전투에 강제로 사냥을 한 것 1건 30명입니다. 가옥을 징발한 것 2건 19칸, 파괴 2건 3칸과 창틀 8개소입니다. 인부 납치는 5건 40명, 적발 탄압은 4건 67명입니다. 약탈은 양식 총계 12만 4천 750근, 닭 총계 494마리, 조껍질 1천 킬로그램, 밀가루 880근, 벌꿀 2항아리(약 300근), 나무 경중차 5대(약 3천 500근), 기와 20만 매, 작은 책상 2개, 모직 깔개 2장, 성냥 작은 포장 50개, 전화기 1대, 전선 400미터, 수류탄 500개, 나팔 1개입니다. 국제협정위반 2건과 이와 관련해서는 산시 잔류

공작을 행하고 370명을 남겼습니다. 정치적인 행위로 반공 활동 4건, 특무선전정보 8건, 현인회 활동 3건, 부대 파쇼화 2건입니다. 반동적 교육 지도는 6건이며 922명의 옌시산 부대와 4건 870명의 일본군과 보안대가 있습니다. 일본군을 원조하여 전세를 유리하게 한 것 2건, 옌시산군에 대한 원조도 2건 있습니다. 옌시산군 고급장교 전투기능 향상 연습 원조 1건입니다. 타이위안 방어에 관한 원조 4건, 해방군 박격포 파격 1문, 연습으로 인한 전지 황폐화 1정보, 타이위안 신건설공사 파괴 3건(전선 200미터, 도로포장 600미터, 공사용 모래 씻기 60세제곱미터) 등 파괴행위와 그 밖의 자대 재산 처분 및 은화 110매를 증여하여 받았습니다.

나는 일본제국주의가 행한 중국 침략전쟁에 참가하였으며, 게다가 패전 후에 산시에 잔류하여 일본제국주의의 재기를 위하여 중국의 국토와 인민과 재산에 많은 손해를 입혔습니다. 나는 1942년 3월 산시성 위안취현 통산(同善)진의 북지나파견 동 제3545부대 미나미대에 입대하여 바로 5월 동 지역의 산 위에서 초소 보강공사에 종사 중 지나가는 주민을 반장에게 데리고 와서 돌로 죽이라는 명령을 받고 나는 전우와 둘이서 다른 동년병보다 살인을 먼저 할 수 있고, 내 배짱이 좋다는 것을 상관에게 보여주면 별이 빨리 늘어날 것이라고 생각해 큰 돌을 머리에 떨어뜨려서 주민 한 명을 살해하였습니다. 견습사관이 되어서 1943년 9월 산시성 지산(稷山)현에서 37사단 포병이 미란(糜爛)성 가스탄을 사격하여 고통스러워하고 있는 6명의 항일군에 대하여 나는 다른 견습사관 4명과 함께 늘어진 몸을 여기저기 봉으로 찔러보고 괴롭히면서 가스 효력을 연구하였습니다. 어차피 적이고 죽을 놈이다, 계속 괴롭혀 주자고 생각하여 도움을 구하는 것도 듣지 않고 발로 차는 등 괴롭히다가 최후에는 만약 살아서 일본군 견습사관의 이러한 행위를 폭로하면 좋지 않다고 생각해 내가 제안하여 2명을 직접 권총으로 사살하고 나머지 4명은 다른 4명이 베어 죽였습니다. 또한 중대장이 되어서부터 나는 1944년 12월 산시성 링촨현에서 경찰에게 유치되어 있던 7명의 주민을 데리고 나와 중대 90명의 초년병에게 찌르기 훈련의 시험대로 삼았습니다. 중국인 5명이나 10명 정도 별일 아니라고 그보다 팔로군에게 이기는 강한 부하를 양성하는 일이 부하의 배짱을 키우고 또한 자신을 위하는 일이기도 하다고 생각하였습니다. 찔릴 때마다 괴로워하며 피가 튀는 광경을 아무런 생각 없이 바라보며 살해하였습니다. 게다가 패전 후에는 살인이 잊혀지지 않아 1945년 8월 하순 산시성 친(沁)현에서 부상을 입고 움직일 수 없는 2명의 팔로군 전사를 발견하여 이제 전쟁도 끝이고 마지막 살인이라고 생각해 수류탄의 효력을 시험해 주겠다는 생각으로 도와 달라고 하는 것을 거부하고 수류탄을 가슴과 가랑이에 놓고 발화시켜 폭사시켰으며 그 광경은 참혹한 것이었습니다. 이상과 같이 나는 일관되게 살인을 아무렇지도 않게 행하고 그 총계는 팔로군 73명, 항일군 29명, 주민 111명, 공작원 8명, 그 밖에 14명으로 235명에 이르고 살해수단은 사살, 찔러 죽이기 베어 죽이기, 묻어 죽이기, 태워 죽이기, 돌로 죽이기 등등 할 수 있는 모든 방법을 사용하였습니다. 방호에서는 375칸 이상을 불태웠으며 그중 1945년 8월 산시성 툰류현 우위안(吾元)진에서 나는 중대장으로 9칸의 민가에 두 항아리의 술을 쏟아붓고 팔로군이 사용할 수 없도록 소각하였습니다. 그것을 보고 마치 귀신이 화염 앞에서 낄낄거리고 웃고 있는 것과 마찬가지 태도로 기뻐하면서 보고 있었습니다. 이처럼 중국 인민의 재산을 불태우고 아무렇지도 않게 생각하는 것이 나의 방화 태도였습니다. 또한 약탈은 양식 12만 4천 750근, 닭 4천 904마리, 소 60마리, 그 밖에 셀 수 없을 만큼 재물을 약탈하여 이것이 승자의 특권이며 또한 이 일로 부하를 격려하고 성전을 완수할 수 있다고 생각하고 있었습니다. 그 외 나는 14세 소녀를 강제로 굴복시겨 이 여자라면 임질은 없을 것이며 처녀라고 생각하여 강간하였습니다. 고문 구타는 18명이었으며 그 방법은 물고문, 구타, 연기고문, 상호 구타시키기 등등 완전히 인도에 반한 귀축과 같은 일을 행하였습니다. 또한 중국인은 과거로부터 강자에게 사용되며 괴로운 생활을 하는 일에 익숙하니까 황군에게 무료 봉사하는 일은 그들의 생활이 행복하게 되는 일이라고 생각하며 나는 8천 95명의 주민과 1천 110대의 차를 노역시켰습니다. 이처럼 나는 일관되게 일본제국주의 전쟁에 봉사하며 많은 죄악을 범하였으며, 그 밖에도 셀 수 없을 만큼 많은 죄행을 저질렀습니다.

나는 당시 이 전쟁에 이기기 위해서는 이상의 행위는 피할 수 없는 일이며, 이 일은 군에 충성하고 부모에게 효도하는 일이라고 생각하였으며, 또한 자신의 성적을 올리는 것이라고 생각하였습니다. 게다가 이렇게 성전을 행하는 일본 민족은 우수하며 중화 민족은 학대당하는 것이 당연하며 글자도 모르고 의식주도 나빠서 인간 같지 않다고 생각하고 있었습니다. 나는 나라를 떠나올 때 아버지께서 무라야마가에서는 군인이 한 사람도 나오지 않았기 때문에 이웃에 면목이 없었는데, 네가 이번에 가게 된 것은 가문의 영예니 반드시 장교가 되어 공로를 세우라고 하였습니다. 따라서 나는 반드시 많은 적을 죽이고 장교가 되는 것을 보여 주고자 결의를 나타내고 출정했던 것입니다. 그리고 이 일이 일본의 발달한 문화와 정치를 세계에 확장시켜 새로운 질서를 수립하고 평화를 가져온다고 생각하여 많은 죄행을 범한 원인인 것입니다.

이처럼 나의 잘못된 사고방식과 그에 기초한 죄행은 어떻게 잘못되었고 그 근원은 어디서 왔던 것일까요. 이것은 천황을 중심으로 하는 일본 통치계급의 기만교육과 사회제도이며 또한 내가 자산계급 사상에 감염되었으며, 소자산계급이라고 하는 자신의 출신성분에 의한 것이라고 생각합니다. 나는 어렸을 때부터 봉건 색채가 농후한 가고시마에서 자라고 특히 무를 숭상하는 일에 있어서 일본 최고이며, 천황은 일본 아니 지구에서 제일 훌륭한 사람이라고 배웠으며 천황이 행하는 전쟁은 정의이며 이를 위해 죽는 일을 일신일가의 영예라고 생각하도록 교육받았으며 스스로 그렇게 생각해왔습니다. 그러나 실제로 그러했는가? 완전히 거짓말이고 천황 일파는 경제위기로 자신들의 돈벌이가 적어졌기 때문에 전쟁을 발생시켰습니다. 그 부정을 감추고 전쟁에 육탄으로 내몰기 위하여 봉건사회의 잔재를 보존하고 천황 숭배 마술을 이용한 것입니다. 천황이야말로 전쟁옥의 대지주이며 대자본가이며 인민의 적입니다. 또한 일본과 국민의 일을 생각하는 것이 전쟁에 의한 사상자, 고아, 미망인 등에 대해서 어떠한 생활의 보증도 하지 않았습니다. 현재는 일본을 아메리카에 팔아넘기고 자신들 일당만이 좋은 생활을 하고 있으며 일본국민을 유사 이래 미증유의 곤란에 빠뜨렸습니다. 게다가 천황을 위하여 싸운 나는 현재 이렇게 감옥 속에 있는 상황으로 완전히 나는 속아서 짐승 같은 천황을 위하여 충성을 다한 것입니다. 또한 일본 민족은 우수하고 중화 민족은 열등하다고 하는 이 잘못된 논리도 사실에 부합하지 않습니다. 중국은 3천 년 이래 봉건계급과 100년간 국내 매판 관료, 자산계급, 외국 제국, 특히 일제의 침략과 노역 아래서 고통받았습니다. 의주(衣住)만이 아니라 인민은 그날의 식(食)도 곤란을 겪는 일이 현실이며 물질문화 생활이 채워지지 않는 것은 당연하고 현재 일본의 상황으로 보아도 명확합니다. 나는 이 도리를 모르고 중국인을 경시하고 인민의 해방을 위하여 싸우는 팔로군을 살해하고 인민의 재산을 불태우고 약탈하여 왔던 것입니다. 또한 나는 계급이 올라가 돈을 많이 받고 훈장을 많이 받는 것이 명예이며 그것으로 부모를 기쁘게 하고 자신도 이익을 얻을 수 있다고 생각하여 그것을 위해서는 중국인을 살해하건 태우건 하나도 고통스럽게 생각하지 않고 단지 눈앞의 이익에 따라서 많은 죄행을 범하였습니다. 이것은 완전히 내가 부르주아사상에 감염되고 소부르주아사상에 지배되어 주관적으로 노력을 한 결과라는 것을 응시할 수 있습니다. 나는 완전히 이처럼 평화로워야 할 인간의 나라에서 부모형제와 이산하여 단지 천황을 위하여 큰돈을 벌기 위해 다하고, 중국 인민에게는 필설로 다할 수 없는 재난을 부여하였습니다. 그러나 현재 중국 인민은 이 대죄인에 대하여 완전히 역사상 없는 관대정책으로 대하고 군관리 중에는 전사로 기관관리 중에는 공무원과 마찬가지의 급여와 급양을 받고 완전히 이것이 전범인가라고 의심할 수밖에 없는 환경에 있습니다. 나는 현재 나의 죄악 중 어떤 하나를 거론해도 죽을 수밖에 없는 신분이면서 이렇게 살아 있는 것만으로 새로운 삶을 부여받고 있는 것을 생각할 때 단지 머리를 깊이 숙이고 용서를 비는 것 외에 없습니다. 내가 올해 초 병에 걸렸는데 중국 인민은 진력을 다해 치료를 해주고 주사만으로도 백 수십 대 받아 심할 때는 한 번에 3종의 주사를 맞고 건강하게 되었습니다. 완전히 이처럼 중국 인민은 국제주의와 인도주의에 의해서 나를 구조하여 주었습니다. 현재 중국은 현명한 영수 마오쩌둥 주석에 인도되어 새로운 사회를 수립하고 인민은 자신의 적극성과 창조성을 충분히 발휘하여 만족하게 생활을 하고 있습니다. 그리고 시대는 마오쩌둥 시대이며 제국주의가 지배하는 시대는 재차 돌아오지 않을 것입니다. 나는 이 신사회를 볼 때 이 사회를 원하며 투쟁하다가 나에게 살해당한 사람과 인민의 노동력을 착취하여 재물을 약탈하고 중국 신사회의 도래를 늦추었던 일을 죄송하게 생각합니다.

나는 중국공산당에 의해서 1949년 4월 24일 처음으로 인간으로서 바른 길을 걸을 수 있도록 도움을 받았습니다. 나는 금후 이 날을 잊지 않고 성실하게 인민을 위하여 복무할 수 있도록 학습개조에 노력할 것을 결심하고 두 번 다시 죄악의 길을 걷지 않겠습니다. 내가 죄행을 범한 요인인 일본 군국주의사상이나 그 밖의 나쁜 사상은 반드시 개조해야 합니다. 나는 광대한 6억 인의 토지를 해방시킨 중공의 영도를 믿고 간다면 나 개인의 사상개조는 반드시 완성할 수 있다고 생각하고 있으며 반드시 그것을 쟁취하겠습니다. 다행히 귀국의 관대한 용서를 받을 수 있다면 나는 우선 중일우호를 위한 일본 혁명에 도움받은 반생을 바치겠습니다. 그를 위해서는 중국의 대일정책과 건설현장을 알리고 나아가 내가 체험한 집중 관리 생활 속 중국 인민의 국제주의와 인도주의를 선전하고 잘못된 인식을 지닌 일본 국민을 한 사람이라도 많이 자각시켜 중일우호와 일본 혁명의 길로 이끌고 가 미일반동파를 고립시킬 결심입니다. 나는 엄청난 죄악을 범하고 도움을 받았지만 살해된 사람을 다시 살아나게 하거나 불태운 집을 새로 건설하고 또한 약탈한 재물을 되돌려드리는 것은 불가능합니다. 또한 그에 따라서 죄가 지워지는 것도 아닙니다. 나는 단지 자신의 죄악을 완전히 담백하게 중국 인민 앞에 머리를 숙이고 두 번 다시 죄악의 길을 걷지 않고 일본 혁명과 중일우호를 위하여 진력을 다하는 일이 내가 할 수 있는 유일한 일입니다. 또한 중국 인민도 그 일에 의해서 용서해 주실 것이라고 생각하고 있습니다. 나는 과거 중국 인민의 적으로 왔지만 장래 귀국할 때는 반드시 중국 인민의 신뢰를 얻어 일본의 친구들로서 돌아가고 싶다고 결의하고 있습니다.

일본은 지금 미제가 반점령한 나라의 지위에 있어서 매일 내가 과거 중국에서 범한 것과 마찬가지 혹은 그 이상의 죄행이 미국 병사에 의해서 행해져 일본 인민은 이 적을 국외에 추출하는 것 외에 살아갈 길이 없습니다. 그를 위해서는 천황 일당을 타도하여 일본 사회를 개조하지 않으면 일체의 문제를 해결할 수 없습니다. 나는 일본과 일본 인민(나를 포함하여)이 중국이 나아간 길을 걷는 것만이 처음으로 중소와 같이 만족스럽고 아름다운 사회를 수립하여 재차 전쟁에 인민을 투입시켜 아시아인 특히 중국 인민에 대한 죄악행위로부터 지킬 수 있다고 강하게 느낍니다. 책임을 갖고 분투할 것을 중국 인민 앞에서 맹세하는 바입니다.

전일본 육군 북지나파견 독립보병 제14여단 독립보병 제246대대 제2중대 중위 중대장

(元日本陸軍北支那派遣獨立步兵第十四旅團獨立步兵第二四六大隊 第二中隊 中尉中隊長)

옌비군 타이위안 수이징공서 교도총대 군사교육 제2단 대령 단장

(閻匪軍太原綏靖公署教導總隊軍士教育第二團上校團長)

무라야마 하야토

1954년 12월 21일

산시성 타이위안시에서

와타나베 마사오 자필진술서

제107권 수록 전범

범죄 자필진술 원문
437호 와타나베 마사오(渡邊雅夫) 자필진술

소속 부대: 제59사단 사령부.

계급 직무: 육군 주계(主計)준위 경리부 주계과 소속.

연령: 38세, 1917년 1월 2일생.

국적: 일본 교토부(京都府) 이카루가군(何鹿郡都) 니시야다(西八田)촌 오아자나카스지코아자(大字中筋小字) 이에노타니 1번지(家の谷一番地).

현주소: 위와 동일.

가정 성분: 농민 자작농, 논 6단(反)[1], 밭 5단, 산림 1정(町).

문화 수준: 8년, 니시야다촌립 심상고등소학교 졸업.

경력

* 1931년 4월부터 1934년 11월 자택에서 농업에 종사.
* 1934년 12월부터 1935년 11월 오사카부(大阪府) 미시마군(三島郡) 오사카부립(大阪府立) 농도강습(農道講習) 아이노숙(藍野塾)[2] 숙생(塾生).

---

1 논밭이나 산림의 면적 단위로, '1反'은 300보(步), 1정(町)의 1/10(약 10아르).

2 오사카부 하비키노(大阪府羽曳野)시에 있는 오사카부립 환경농림수산종합연구 농업대학교(大阪府立環境農林水産総合研究所農業大学校)의 전신으로 현재 2년제의 본과와 사회인 대상 단기 프로그램의 농가 양성 코스를 두고 있다. 1920년 3월 15일 오사카부립 농사시험장 농사연습생(大阪府立農事試験場農事練習生)으로 발족하여 수업 연한은 1년이었는데, 와타나베 마사오가 다닌 오사카부립 농도강습 아이노숙(大阪府立農道講習藍野塾)은 1934년 7월에 자영업자를 길러내기 위하여 설립되었다.

* 1935년 12월부터 1938년 1월 24일까지 자택에서 농업에 종사.
* 군사교련(軍事教鍊)[3]: 1931년 4월부터 1937년 4월 니시야다촌립 청년학교(青年學校)의 군사훈련 과정을 마침.
* 입대 연월일: 1938년 1월 25일.
* 중국 입국 연월일: 1938년 2월 중순 탕구(塘沽)에서 톈진(天津)시로 침입.
* 상장: 1939년 6월 30일 북지나방면군 주계하사관후보자 교육대를 졸업할 때 군사령관 스기야마 하지메(杉山元)로부터 시계를 상으로 받음.
* 1940년 3월 독립보병 제18대대 본부 하사관의 군도술(軍刀術) 경기대회에서 우승하여 대대장 오시마 덴타로(大島傳太郎)에게 상장 수상.
* 1943년 6월 훈칠등(勳七等) 서보장(瑞寶章)[4] 수여.

군대 약력

* 1938년 1월 25일 일본 교토부 후쿠치야마(福知山) 보병 제20연대 보충대 제11중대에서 임시소집되어 입대하였다.
* 1938년 3월 10일 제1기 초년병교육을 종료하고 히로시마현(廣島縣) 우지나(宇品)에서 승선하여 중국으로 출발하였다.
* 1938년 3월 23일 톈진시에서 신설된 독립혼성 제5여단(獨立混成 第5旅團,[5] 여단장 하타 마사나오[秦雅尙] 중장[中將]) 독립보병 제18대대(대대장 이구로 세이고[伊黑淸吾] 대좌[大

3 1925년 육군현역장교학교 배속령에 근거하여 중학교 이상의 교육기관에서 종전까지 실시되었다. 제1차 세계대전 후 군축에 따라 장교의 실업을 구제함과 동시에 사상교육을 겸하였다. 사격 등 무기 사용법과 전사(戰史) 등을 교육하고 연습도 행하였다. 1939년에는 대학에서도 필수화되면서 매년 강화되어 군국주의교육의 중심이 되었다(『朝日新聞』 夕刊 社会, 2010. 8. 13). 청소년을 대상으로 한 군사예비교육 중 특히 보병조전(歩兵操典)에 근거한 훈련을 가리킨다. 제1차 세계대전 후 전시동원력의 강화, 재영 기간 단축 문제로 점차 중시되었다. 학교 교련만이 아니라 1926년 청년훈련소 설립 후에는 일반 청년에 대해서도 실시되었다. 패전과 함께 폐지되었다. 와타나베 마사오가 받은 군사교련은 청년훈련소를 통한 일반 청년을 대상으로 한 것으로 보인다.

4 일본 훈장의 하나로 '훈장증설 소(勲章増設の詔)'(1988년 1월 4일)에 따라 증설된 훈장이다. 훈1등부터 훈 8등까지 있었다.

5 독립혼성 제5여단은 1938년 2월 톈진에서 편성되어 제2군에 예속되었다. 여단장은 하타 마사나오(秦雅尙), 아키야마 요시미츠(秋山義兌), 세키하라 로쿠(關原六), 우치다 긴노스케(内田銀之助), 나가노 에이지(長野 榮二)가 역임하였다. 1938년 쉬저우회전(徐州会戰)에 참여하였으며 후에 제12군에 예속되어 칭다오(靑島)에 주둔하였으며, 일본 패전 후 칭다오에서 무장해제하였다.

佐])[6] 제4중대(중대장 오모토 키쿠오[大元菊雄] 대위)로 편입되었다.

* 1938년 4월 6일부터 1938년 4월 중순까지 지난(濟南)시로 이동하여 첸포산(千佛山)[7] 산기슭에서 현지 전투 훈련을 받았다.
* 1938년 4월 중순부터 1938년 5월 하순까지 타이안(泰安)현 타이안성(泰安城) 내로 이동하여 점거하여 타이안성 관문에서 경계를 섰다.
* 1938년 5월 하순부터 1938년 7월 상순까지 진푸철로선(津浦鐵路線)[8] 타이안역의 남동쪽 베이바오(北堡)역에서 분견대가 점거하고 철로 순찰을 담당하였다.
* 1938년 6월 1일 일등병으로 진급.
* 1938년 6월 하순 추라이산(徂徠山)[9] 산기슭의 어느 부락에 당일 침략 행동에 참가하였음, 일등병 소총수.
* 1938년 7월 상순부터 1938년 9월 상순까지 대대 본부는 산둥(山東)성 가오미(高密)현 쟈오지선(膠濟線)[10] 가오미역 앞 제4중대는 쟈오(膠)현 성내로 근거지를 이동하였으며, 나는 쟈오현에서 성문의 경계를 섰다.
* 1938년 9월 상순부터 1938년 10월 10일까지 쟈오현 성내를 점거하여 철로 순찰을 하였다. 이사이에 한 주 정도 쟈오둥(膠東)역을 점거하였다.
* 1938년 10월 1일 상등병으로 진급하였다.
* 1938년 10월 11일부터 1938년 12월 25일까지 주계(主計)하사관으로 지원하여 채용되었으며 가오미 대대 본부로 이동하였으며 후보자로 경리실에서 교육을 받았다.
* 1938년 12월 말부터 1939년 6월 30일까지 톈진시에서 북지나방면군 주계하사관후보자

---

6 지금의 대령에 해당한다.

7 산둥성 지난시에 위치하며, 지난 3대 명산의 하나이다.

8 1908년 건설이 시작되어 1912년 완공되어 개통되었다. 톈진(天津)과 난징 푸커우(南京浦口) 간 철로이다. 쉬저우(徐州)에서 룽하이(隴海)철도와 만나며, 난징 푸커우에서 징후선(京滬線)과 강을 사이에 두고 마주 보는 남북교통 철로이다. 히로세사부로(廣瀨三郎, 113권)는 진푸선(津浦線)이라고 적고 있다.

9 룽라이산(龍徠山)이라고도 한다. 타이산(泰山) 동남쪽에 위치하며 타이산의 지맥에 속한다. 산둥성 타이안(泰安)시 다이웨(岱岳)구, 신타이(新泰)시에 걸쳐 있다.

10 쟈오지철로는 20세기 초 산둥철로(山東鐵路), 쟈오지선이라고도 불렸다. 동쪽으로는 칭다오(靑島)를 기점으로 서쪽으로는 지난(濟南)에 이른다. 1899년 건설되기 시작하여 1904년 완성되어 개통되었다. 384.2킬로미터, 지난, 칭다오의 양대 성시를 연결하여 산둥의 운수대동맥을 횡단한다.

로 교육대에서 교육을 받았다. 교육 담당자는 북지나 야전화물창(廠)의 대표 시미즈(清水) 주계소장과 교육대장 아다치(足立) 주계대위였다.

* 1939년 7월 5일 주계하사관후보자 교육을 종료하고 자대 가오미 독립보병 제18대대 본부로 복귀하여 경리실에서 군량·마초·금전 등의 사무 조수를 하였다.
* 1939년 7월 12일부터 1939년 7월 24일경까지 산둥성 린커(臨朐)현 멍좡(蒙莊)지구를 대대가 침략하는 데 있어 본부 급양계(給養係)로 참가하였다. 상등병 주계하사관후보자였다.
* 1939년 11월 15일 주계오장(伍長)이 되었다.
* 1939년 11월 15일부터 1940년 3월 31일까지 가오미를 점거한 독립보병 제18대대 본부 소속이 되어 군량, 마초 관리업무를 실시하였다. 이사이 매월 1회 3일간 양식, 마초 및 물품 수령을 위하여 칭다오 화물지창(青島貨物支廠) 및 제5여단 경리부로 출장을 갔다.
* 1940년 5월 선지급 자금 수령 및 사무 연락을 위하여 제5여단 경리부로 출장을 갔다.
* 1940년 6월 초순부터 1940년 7월 초순까지 독립보병 제18대대에서 임시 편성된 '하세가와(長谷川) 토벌대'의 급양계 하사관으로 주청(諸城)현 남쪽 지구를 점거하였다.
* 1940년 7월부터 1940년 9월까지 선지급 자금 및 업무 연락을 위하여 매회 2일씩 3회 칭다오 제5여단 경리부로 출장을 갔다.
* 1940년 10월 10일부터 1940년 10월 13일까지 예(掖)현 량멍산(良蒙山) 지역의 독립보병 제18대대 점거에 급양계 하사관으로 참가하였다.
* 1940년 11월 경리업무 연락을 위하여 칭다오 제5여단 경리부에 이틀간 출장하였다.
* 1940년 12월 1일 주계군조(軍曹)로 진급하였다.
* 1940년 12월 5일부터 1940년 12월 26일경 독립보병 제18대대가 예현 샤오먀오(小廟) 뒤 주변 점거에 급양계 하사관으로 참가하였다. 주계군조 급양계.
* 1941년 1월 선지급 자금 수령 및 사무 연락을 위하여 칭다오 제5여단 경리부에 이틀간 출장을 갔다.
* 1941년 2월 경리업무 연락을 위해 칭다오 제5여단 경리부에 이틀간 출장을 갔다.
* 1941년 3월 상순부터 1941년 3월 하순까지 독립보병 제18대대의 예현 다이톈(代田)지구를 점거하는 데 있어 약 15일 동안 급양계 주계군조로 참여하였다.
* 1941년 4월 15일부터 1941년 5월 30일 재외자 특별휴가에 의해(이유: 모친 사망으로 가사

정리) 칭다오항을 경유하여 일본 자택으로 귀향하였다. 주계군조.

* 1941년 6월부터 1941년 9월까지 매월 1회 이틀간 선지급 자금 수령 및 사무 연락을 위하여 칭다오 제5여단 경리부로 출장을 갔다.
* 1941년 10월 초순부터 1941년 10월 중순까지 예현 남쪽 지구의 독립보병 제18대대가 준동하는 데 약 12일간 급양계 하사관으로 참가하였다.
* 1941년 12월 8일부터 1941년 12월 9일까지 건축재료 수령을 위하여 칭다오 제13군 경리부 출장소로 출장을 갔다.
* 1941년 12월 중순부터 1942년 4월 상순까지 지난시 독립혼성 제10여단 사령부에 전속되어 경리부 소속으로 예하 8개 부대의 임시 군사비 정산서의 점검사업을 실시하였다. 여단장 가와다 쓰치타로(河田槌太郎) 소장, 고급경리관 주계 미나베(南部) 아무개 대위. 주계군조.
* 1942년 4월 제59사단[11]의 신설에 따라서 사단 사령부의 경리부 주계과 소속이 되어 타이안을 점거하고 예하 17개 부대의 임시 군사비, 공유비, 병사위문금 등에 대해 각각의 지불결산서 점검사업을 실시하였다. 주계군조.
* 1942년 4월부터 1944년 3월까지 산둥성 타이안을 점거하고 제59사단 경리부 주계과에서 금전업무를 실시하였으며 그사이에 다음과 같은 '작전행동'에 참가하여 침략하거나 출장을 하였다.
* 1942년 6월 초순부터 1942년 6월 중순 제59사단 집성 '이시바시(石橋) 토벌대'의 준동에 급양계로 보산(博山) – 투쓰커우(吐絲口)진 지구에서 약 12일간 군사 행동을 하였다.
* 1942년 7월 지난 제12군 경리부에서 업무 연락을 위하여 이틀간 출장하였다.
* 1942년 10월 말부터 1942년 11월 중순 로중작전(魯中作戰)에 사단 전투사령소 경리부 요원으로 참가하였으며 신타이(新泰) · 이수이(沂水) · 보산 · 칭다오 지구를 강제 점령하였다.
* 1942년 12월 1일 주계조장으로 진급하였다. 담당업무는 임시 군사비의 예산, 선지급 자금의 수령과 교부, 특별공작비와 약탈금에 관한 사항으로 변경되었다.
* 1943년 5월부터 1943년 6월까지 신타이 제111대대 및 투쓰커우진 제110대대의 회계경리 검사를 실시하는 데 조수로서 참가하였다. 한 개 대대당 3일씩 실시하였다.

---

11 46쪽 각주4 참조.

* 1943년 10월 25일부터 1943년 11월 20일경까지 제59사단 귀환병 수송의 급양계로 일본 간토(關東) 지역 사쿠라(佐倉) 동부 제64부대로 산하이관(山海關)을 경유하여 출장하였다. 수송지휘관은 사카모토 우키오(坂本卯喜雄) 중위였다. 주계조장.
* 1944년 1월 지난 제12군 경리부 및 일본은행 지난대리점에서 업무 연락 및 예탁금(預託金) 사항으로 이틀간 출장하였다.
* 1944년 3월부터 1945년 7월 7일까지 제59사단 사령부는 타이안으로부터 지난시로 이동 점거하였으며 이사이 사단 경리부 주계과에서 금전업무를 실시하였으며 다음과 같이 작전참가 및 출장 등의 일이 있었다.
* 1944년 4월 제12군 사령부가 허난작전(河南作戰)에 참가함에 따라 제59사단 사령부가 북지나방면군 사령부를 직접 관할하면서 산둥성 최고사령부가 되었다.[12] 경리업무상으로도 독립혼성 제5여단, 독립혼성 제1여단, 제13군의 지휘 아래 있었기 때문에 지난의 각 부대와는 구별 짓게 되었다.
* 1944년 6월 중순부터 1944년 6월 하순까지 '밀과 면화 약탈작전'에 임하면서 린칭(臨淸) 제44대대 본부 안에 군량 교부소 개설을 위하여 약 1주간 주둔하였다.
* 1944년 상반기 동안 광라오(廣饒) 제42대대, 장뎬(張店) 제53여단 사령부, 보산 제41대대, 장마오(章卯) 제43대대, 린칭 제44대대, 타이안 제45대대에 대해서 대대적으로 회계경리검사를 실시하는 데 조수로 참가하였다. 주계조장.
* 1944년 7월 상순 경리업무 연락을 위하여 북지나방면군 경리부 주계과(베이징 소재)로 3일간 출장을 갔다. 주계조장.
* 1944년 11월 14일부터 1944년 12월 중순까지 제59사단의 1944년도 징집 초년병을 수령하기 위하여 수령위원장 이시바시 덴타로(石橋傳太郎) 소좌 아래에서 급양계 하사관으로서 일본 도쿄도에 있는 도쿄사단 사령부 및 코후(甲府), 가시와(柏), 미조구치(溝口) 각 부대로 산해관을 경유하여 출장을 갔다.
* 1945년 3월 1일 주계준위로 진급하였다.

---

12 1944년 1월 하순 허난작전(河南作戰, 1호 작전 제1기[一号 作戦 第一期])이 하명되어 북지나방면군도 병력을 추출했기 때문에 제59사단의 경비지역은 산둥 전역 및 황허 하류지대로 확대되었다. 또한 일부 병력은 허난작전에 참가하였다.

* 1945년 7월 3일부터 1945년 7월 5일까지 제59사단의 북조선 이동을 준비하면서 '만주은행권' 지폐 200만 원을 수령하기 위하여 베이징 북지나방면군 경리부로 출장을 갔다. 주계조장.
* 1945년 7월 8일부터 1945년 7월 22일까지 제59사단의 북조선으로의 이동에 즈음하여 톈진역으로 출장하였으며, 전 사단의 부대 개개인이 가지고 다니는 '중국연합준비은행권(中國聯合準備銀行券)'[13]을 '만주은행권(滿洲銀行券)'[14]으로 태환하였다.
* 1945년 7월 하순 북조선 함흥으로 이동하여 주둔하였다.[15] 제59사단 사령부는 함남여학교(咸南女學校) 교사에 주둔하였다. 주계준위.
* 1945년 8월13일부터 1945년 8월 15일까지 흥상리(興上里) 안쪽(북서쪽 약 80킬로미터) 사단 축성 위치에 군량과 마초 집적을 위하여 출장하였다.
* 1945년 8월 15일 일본제국주의가 무조건 항복을 발표하여 축성현장에서 흥상리로 물러났다.
* 1945년 8월 19일 어선을 취득하는 교섭을 위하여 서호(西湖)진으로 출장하였다.
* 1945년 8월 23일 함남여학교에서 소련의 포로가 되었다.

---

13 괴뢰정부 '중화민국임시정부(中華民國臨時政府)' 중앙은행이 발행한 화폐. 준비표 종류에는 제1세트로 용표(龍票, 또는 우룡표[右龍票]) 1원(元), 5원, 10원, 100원의 액면. 보조화폐로 반분(半分), 1분(分), 5분(分), 1각(角), 2각, 5각권이 있었다. 제2세트로 소용표(小龍票, 또는 좌용표[左龍票])로 액면이 서로 달랐다. 후에 액년가 5000원 지폐의 인쇄도 설계했지만 발행하기 전에 일본이 투항하였다.

14 만주국 중앙은행 태환권(滿洲國中央銀行兌換券, 약칭 중은권[中銀券]). 일본제국주의가 중국을 침략했던 기간에 괴뢰정권 위만주국이 발행한 지폐. 일본제국주의는 1931년 9월 중국 동부 지역을 점령한 후 괴뢰정권을 세우고 1932년 6월 만주국 중앙은행을 설립하고 만주국 중앙은행 태환권을 발행하여 괴뢰정권의 법정화폐로 삼았다. 아울러 동삼성에 유통하고 있던 관은호(官銀號, 옛날 정부의 허가를 받아 은의 매매·교환 및 은표[銀票]를 발행하던 은행의 일종)와 변업은행(邊業銀行, 북양정부 시기[1919] 세운 지방상업은행) 등이 발행한 화폐를 강제적으로 태환하였다. 1각, 5각, 1원, 5원, 10원, 100원 등의 액면이 있었다.

15 제59사단은 1945년 3월 사단 박격포부대를 편성하였으며 5월 사단이 전력으로 수령작전(秀嶺作戰)에 참여한 후에 북한으로 이동이 발령되어 30일 관동군 예하로 편입, 6월 18일 제34군 예하로 편입되었다. 7월 초순부터 지난에서 철도수송으로 함경남도 함흥에 도착하여 경비 임무와 진지를 구축하던 중에 패전을 맞게 되었다.

* 1945년 12월 26일 북조선 흥남을 출항하여 소련으로 향하였다.
* 1946년 1월 상순 소련 제47지구 소베츠카야가반에 도착하였다.
* 1947년 11월 7일 소련 제13지구 블라디보스토크로 이동하였다.
* 1950년 소련 하바롭스크지구로 이동하였다.
* 1950년 7월 21일 중화인민공화국 푸순(撫順)에 도착하였다.

● 살인

1. 찔러 죽이기: 팔로군 전사

1938년 5월 중순 산둥(山東)성 타이안현 현성 내 사당에서 독립보병 제18대대 제4중대 소대장 와이즈미 히데오(和泉秀雄) 소장의 명령에 따라서 초년병 약 15명이 생체 찔러 죽이기 교육을 하였습니다. 교육 목적으로 30세에 가까운 팔로군 전사 남자 두 명을 직경 10센티미터 정도의 통나무 기둥에 묶어두고 초년병이 한 명씩 서로 찔러서 참살하였습니다. 당시 나는 이등병 소총수로서 한 명의 흉부를 총검으로 찔러 살해하였습니다. 사체는 사당 안에 구멍을 파고 묻었습니다.

증인: 부재

2. 사살: 평화 농민

1938년 6월 중순 산둥성 진푸선(津浦線) 타이안의 남쪽 둥베이바오(東北堡)역에서 독립보병 제18대대 제4중대의 한 개 소대가 점거하고 있었다. 이때 소대장 와이즈미 히데오 소위가 40세 정도의 평화농민 한 명을 '팔로군과 내통하고 있다'는 이유를 붙여서 아리타(有田) 상등병 이하 6명에게 살인을 명령하였다. 이때 나 소총수 일등병은 120미터 거리에서 소총 사격으로 이 농민을 사살하였습니다.

증인: 부재

3. 사살: 항일군 전사

1938년 6월 중순 산둥성 진푸선 둥베이바오역에서 독립보병 제18대대 제4중대 소대장 와이즈미 히데오의 지휘 아래 이십 수 명이 주둔하고 있었다. 이때 항일부대 약 150명이 해 뜰 무렵 반격을 가하여 주둔 부대가 있는 성벽에서 약 20분간에 걸쳐 교전을 하여 10명의 항일전사를 사살(와이즈미 소위의 발포)하였다. 나 소총수 일등병은 주둔부대의 북쪽에 있는 작은 개천가에서 전투 중이던 전사들을 향하여 약 스무 발의 소총탄을 발사하여 2명을 사살하였습니다. 사체는 모두 가지고 가서 전투 종료 후에는 한 사람도 남아 있지 않았습니다.

증인: 부재

4. 살인 미수: 팔로군 공작원

1938년 9월 중순 산둥성 쟈오지선 쟈오둥(膠東) 신호소에 주둔하던 중 팔로군 지하공작원이 왔다고 하는 괴뢰 촌장의 보고가 있었다. 이에 따라서 대장인 독립보병 제18대대 제4중대 소대장 무기타(麥田) 중위의 명령으로 약 12명이 체포를 위하여 쟈오둥 동남쪽 6킬로미터 지점의 부락으로 나가서 동틀 무렵을 기다려 공작원의 가옥을 침입했지만 탈출하였다. 이때 나 소총수 일등병은 가옥 밖에 있으면서 공작원 사살 목적으로 70미터부터 150미터의 거리에서 소총 4발을 사격했지만 명중하지 못하고 살해 미수의 범죄를 저질렀다.

증인: 부재

5.

(1) 사살: 항일군 전사

1940년 6월 초순부터 산둥성 주청현 남쪽 지역을 독립보병 제18대대에서 편성하였다. 대위 하세가와 코타로(長谷川幸太郎)를 대장으로 한 부대 약 150명이 준동할 때 나는 급양계 주계오장으로 참가하였다. 6월 하순 어느 날 동틀 무렵 주청현 현성 남쪽 약 20킬로미터 지점에 있는 부락을 공격하여 항일군 약 200명과 30분 정도 교전하였다. 5명의 항일군 전사를 사살하였으며 소총 3정을 약탈하였다. 나는 이 전투에서 본부의 전투 배치에 따라서 전반적으로 탄약을 보급하는 일을 통하여 살해에 집단적으로 참여하였습니다. 살해 인원은 하세가와 대위의 발표에 따른 것이며 사체는 방치하였다.

증인: 부재

(2) 사살: 평화 인민

본 준동에 임하여 나는 제1중대 화물반에서 탄약과 그 밖의 물류 운반을 위하여 부족한 인원을 현지에서 붙잡아 사용하도록 명령하였으며 30세에서 45세 정도의 평화 인민 4명을 납치하여 사용하였습니다. 6월 하순의 어느 저녁에 주청현 남쪽 25킬로미터 지점에 있는 도로를 행군하던 중 40세 정도의 농민이 탈출하였는데, 나는 이 자를 살해할 것을 명령하였다. 어느 병사로 하여금 사살하도록 하였으며 사체는 그 장소에 방치하였습니다. 납치한 그 밖의 3명은 혹사한 후에 주청현 부근에서 쫓아냈습니다.

증인: 부재

6. 베어 죽이기 및 사살: 평화 인민

1940년 9월 중순 산둥성 가오미에 독립보병 제18대대 본부 금전계 주계오장으로 주둔하였다. 이 당시 대대장 오시마 덴타로(大島傳太郎)의 명령으로 팔로군 지원자로 감금되어 있던 30세부터 40세 정도의 남자 농민 3명을 이마이(今井) 조장 이하 3명에게 살해를 명령하였다. 대대 본부 서남쪽 약 1천 200미터의 작은 산으로 나갔다. 나는 그때 일본에서 보내온 일본도로 시험 삼아 베어 보고자 하는 나 자신의 의지로 자진하여 여기에 합류하였다. 35세 정도 남자의 목을 베고자 앉히고 처음에는 잘못하여 어깨를 베었으며 다음에는 목을 잘라 살해하였다. 다른 2명은 이마이 조장이 베어 죽이기로 하고 전령으로 총살에 의하여 살해하였습니다. 사체는 그 장소에 매장하였습니다.

증인: 부재

7. 베어 죽이기: 팔로군 전사

1940년 10월 중순 산둥성 가오미에 주둔하던 독립보병 제18대대 대대가 예현 동남쪽 지구로 준동하였을 때 급양계 주계오장으로 행군에 참여하였다. 그때 량명산 동북쪽 지구 도로 위에서 휴식을 취하던 중 대대장 오시마 덴타로가 본부의 다무라(田村) 통역에게 살해를 명령하였다. 25세 정도의 팔로군 전사 남자 1명을 일본도로 시험 삼아 베어 보고자 생각해 자진하여 나가서 논의 움푹 파인 곳에 앉히고 측면에서 목덜미를 두 번 칼로 베어 머리를 잘라 살해하였습니다. 사체는 그 장소에 그대로 방치하였습니다.

8.

⑴ 사살: 팔로군 전사

1940년 10월 초순부터 독립보병 제18대대는 대대장 오시마 덴타로 대좌 지위하에서 예현 동남쪽 지역을 준동하던 중 10월 23일 량명산에서 팔로군 약 1천 명과 교전하였다. 야간에 들어갈 때까지 전투하여 본부 및 제4중대 240명의 전투 장소에서 팔로군 전사 20명을 살해하였다. 나 본부 급양계 주계오장은 부대에 탄약, 군량과 마초를 교부하였으며 이 살해를 집단으로 집행하였다. 사체는 그 장소에 그대로 방치하였습니다.

증인: 오노 마사미(大野貞美) 918호

⑵ 사살: 평화 인민

1940년 10월 23일 저녁부터 오시마 대대는 샤츄바오(夏丘堡)를 향하여 철수를 하고 있었다. 철수를 위하여 4중대의 군량, 마초 그 밖의 화물을 운반하기 위하여 량명산 부근에서 중국의 평화 인민 두 명을 납치하여 혹사하고 있었다. 40세 정도의 남자가 탈출하려고 하여 나는 화물반 병사에게 사살을 명령하였습니다. 사체는 그 장소에 그대로 방치하였습니다.

⑶ 사살: 팔로군 전사

야간 행군 중에 계속 이어서 준동하던 1940년 10월 24일 여명 무렵 샤츄바오 남쪽 약 8킬로미터 지점의 산 중턱에서 팔로군 전사 약 15명을 발견하였다. 이들에 대해 약 10분 가까이 사격하여 3명을 살해하였습니다. 나는 이때 본부 군량과 마초 및 탄약을 운반하는 화물반을 지휘 정리하여 탄약을 보급하는 일로 이 집단 살해 집행에 참여하였습니다. 사체는 그 장소에 그대로 방치하였습니다.

증인: 오노 마사미 918호

9.

⑴ 사살: 팔로군 전사

1941년 3월 중순부터 독립보병 제18대 대장 오시마 덴타로 대좌의 지휘 아래서 산둥성 예현 다이텐지구를 준동하였다. 하순 다이텐에 침입하였을 때 야간 12시경부터 팔로군 약

4천 500명의 반격이 있어 교전하였는데, 교전이 아침 6시경까지 계속되었다. 본부 및 제4중대의 전투 구역에서 9명을 사살하였습니다. 나는 이때 본부 급양계 주계군조로 참가하여 본부의 전투 배치에 임하여 탄약을 보급하였습니다. 집단적으로 살해를 집행하는 데 참여하였습니다. 사체는 그 장소에 그대로 방치하였습니다.

증인: 오노 마사미 918호

(2) 때려 죽이기: 평화 인민

1941년 3월 하순 상기와 같이 준동하던 중 다이텐 서쪽 약 20킬로미터 지점의 부락 외곽에서 행군하고 있었을 때 군량, 마초 및 탄약 운반을 위하여 예현 괴뢰사무소(僞公署)를 통하여 평화 인민을 강제징용하였다. 그중 40세 정도의 남자 한 명이 군량과 마초 운반을 하던 중 무거워서 대오로부터 약간 뒤쳐졌기 때문에 나는 본부 수의(獸醫)로 근무하고 있던 도노가와 와타루(殿川渡) 조장에게 이 자를 처치할 것을 요구하였다. 이에 도노가와가 말 위에서 길이 1미터, 두께 3센티 정도의 봉으로 두부를 강타하여 졸도시켰으며 머리에서 선혈이 흘렀다. 때려 죽인 것입니다. 사체는 그곳에 그대로 방치하였습니다.

증인: 부재

10. 찔러 죽이기: 평화 인민

1941년 10월 중순 독립보병 제18대대 대대장 오시마 덴타로 대좌의 지휘 아래 예현 남쪽 지구를 준동하였습니다. 나는 본부 급양계 군조로 여기에 참가하여 제4중대 급양계에 군량과 마초 등을 운반하는 데 있어서 부족한 인원을 현장에서 붙잡아 보충하였습니다. 동시에 잡은 자에게 미심쩍은 점이 있거나 상황이 나쁜 일이 생기면 살해 처분할 것을 명령하였다. 그리고 제4중대 급양계로서 35세부터 45세 정도의 평화 인민 5명을 납치하여 혹사하였습니다. 그중에 항일의식이 강한 한 명이 있었는데, 그것을 이유로 예현 동남쪽 25미터 정도 지점에서 4중대 화물반 어느 병사에게 그자를 총검으로 찔러 죽이게 하였습니다. 사체는 그 장소에 그대로 방치하였습니다. 납치한 다른 4명은 나흘간 혹사한 후 예현 동남쪽 5킬로미터 지점에서 쫓아 보냈습니다.

증인: 부재

살인 결과표

구분	자기 의지로 직접 집행			하명으로 집행			봉명하여 직접 집행			집단 집행			합계		
	점거	준동	계	점거	준동	계	점거	준동	계	점거	준동	계	점거	준동	계
팔로군 전사	-	1	1	-	-	-	1	-	1	2	32	34	3	33	36
항일군 전사	-	-	-	-	-	-	2	-	2	8	5	13	10	5	15
중국 평화 인민	1	-	1	-	5	5	1	-	1	2	1	2 (3의 오기)	4	5	9
합계	1	1	2	-	5	5	4	-	4	12	37 (38의 오기)	49 (50의 오기)	17	43	60
적요(摘要)	팔로군 공작원 살인 미수 1명														

● 방화

1941년 3월 하순 산둥성 예현 다이텐에 독립보병 제18대대 대대장 오시마 덴타로 대좌 이하 약 420명의 대대가 준동하여 침입 점거하고 있었다. 야간 12시경부터 팔로군과 전투를 개시하여 본부 및 제12중대가 점거하고 있던 장소가 중심이 되어 부락 내에서 동틀 무렵 6시경까지 반복적으로 전투하였다. 이사이 일본침략군이 던진 수류탄에서 발화하여 민가 십수 채를 소각하였습니다. 나는 이 전투에 본부 급양계 주계군조로 참가하여 본부의 전투 배치에 임하였으며 화물반의 화물정리와 탄약의 보급 등을 하였으며, 가옥 방화를 집단적으로 집행하였습니다.

증인: 오노 마사미 918호

● 강간

(1) 1940년 12월부터 1941년 12월까지 독립보병 제18대대 본부 주계군조로서 산둥성 가오미를 점거하고 있었다. 이 동안에 가오미 성내에서 일본제국주의자가 유인하여 구속 감금하고 있던 20세 정도의 중국인 여성 1명, 성 밖의 25세 정도의 조선 인민 여성 1명, 칭다오

시로 출장 갔을 때 25세 정도 여성 1명과 21세 정도 여성 1명을 강간하였습니다.

증인: 부재

(2) 1942년 3월 지난시를 점거하고 있던 시기에 나 독립혼성 제10여단 사령부 경리부 주계군조는 일본제국주의자가 유인하여 구속 감금하고 있던 23세 정도의 조선 인민 여성 1명을 강간하였습니다.

증인: 부재

(3) 1942년 5월부터 1944년 3월까지 산둥성 타이안을 점령하고 있을 때 제59사단 경리부 주계하사관으로 있었습니다. 이 점령 기간 동안 일본제국주의자가 유인하여 구속, 감금하고 있던 22세 정도의 조선인 여성 3명을 강간하였습니다.

증인: 부재

(4) 산둥성 지난시를 점령하고 있던 1944년 5월과 7월, 나 제59사단 경리부 주계군조는 일본제국주의자가 유인하여 구속, 감금하고 있던 20세 정도의 중국 인민 여성 2명을 강간하였습니다.

증인: 부재

(5) 1944년 4월부터 1945년 7월까지 산둥성 지난시를 점령하고 있던 시기에 제59사단 경리부 주계하사관이었으며 일본제국주의자가 유인하여 구속, 감금하고 있던 20세 정도의 조선 인민 여성 3명을 강간하였습니다.

증인: 부재

강간 결과표

민족 구분	중국인 여성	조선 인민 여성	합계
강간 인수	3명	10명	13명
적요	나아가 다음과 같이 중국 인민 여성을 유인하여 구속 감금하여 학대하는 일을 실행		

● 중국 인민 여성을 유인하여 구속 감금하고 학대

산동성 지난시에서는 제12군과 북지나방면군이 '영외 시설비(營外 施設費)'라고 칭하여 약탈물자를 재원으로 만든 경비로 충당

1. '호시클럽'이라고 칭하여 16세부터 25세 정도의 중국 인민 여성 약 50명을 유인 구속하여 감금하고 지난 최고사령부의 고급부관(高級副官)이 관리 경영하였다. 일본제국주의 군대가 공공연한 강간시설을 만들어 감금하고 있던 여성들에게 물질적인 면에서도, 정신적인 면에서도, 건강적인 면에서도 인간적으로 가장 커다란 모욕과 고통을 주었다.

2. '지난 군인회관(濟南軍人會館)'으로 칭하였으며, 지난 최고사령부의 고급부관이 관장을 하고 있었으며 군대만이 사용할 수 있었다. 여성을 상대로 하여 술을 마시고, 소란을 떨며 즐길 수 있는 음식장을 설치하고 있었다. 16세부터 25세 정도의 중국 인민 여성 약 15명, 중국 인민 성년 남자 30명 정도, 그 밖에 일본인 70명 정도를 수용하여 경영자부터 저임금 장시간 노동을 시키는 것 외에 술에 취한 침략 군인에 대한 대응을 하였다.

나는 1944년 4월부터 1945년 4월까지 제59사단 사령부가 지난의 최고사령부가 되었던 시기 주계조장으로서 경리부 주계과에 있었습니다. '영외 시설비'를 취급하였으며 특히 군인회관에서 매월 회계검사를 하였으며, 지출 및 수입 결산서를 점검하였습니다. 경영에 대한 의견을 내고 중국 인민 여성에 대한 처우와 유인, 구속, 감금하는 일에 참여하여 실행하였습니다.

증인: 하야시 시게미(林茂美) 411호

● 고문

1. 1941년 5월경 나는 독립보병 제18대대 본부, 금전계 주계군조로 쟈오지선 가오미를 점령하고 있었다. 이때, 대대 본부 취사 상용 인부로 혹사하고 있던 가오미에 거주하는 18세 정도의 평화 인민 남자가 팔로군과 내통하고 있다는 의심을 받았다. 이에 가오미 헌병대에게 고문, 조사하라는 통첩을 보낸 결과 헌병대에서 구타, 매달기 등의 고문을 5일간 행하여 움직일 수 없는 상태에 이르는 피해를 입혔습니다. 그 후에도 당사자를 계속하여 취사로 혹사하였습니다.

증인: 부재

2. 1941년 7월 쟈오지선 가오미를 독립보병 제18대대가 점령하고 있을 때 본부 금전계 군조로 있었습니다. 이때 본부의 상용 인부 대표로 혹사하고 있던 평화 인민 런푸춘(任富春)이라고 칭하는 40세 정도의 남자가 있었습니다. 그가 팔로군과 내통하고 있다는 의심이 있어서 가오미 헌병대에게 고문, 조사하도록 통첩하였습니다. 그 결과 당사자를 3일 동안 움직이지 못하는 상태로 만드는 피해를 입혔습니다. 그 후로도 당사자를 계속 인부 대표로 혹사하였습니다.

증인: 부재

● 혹사

1. 1939년 7월 중순부터 같은 달 하순까지 산둥성 린취(臨朐)현 멍좡(蒙莊)지구에서 독립보병 제18대대 대대장 사이구로 세이고(佐伊黒清吾) 대좌의 지휘 아래 준동하고 있었다. 이때 나는 급양계 상등병으로 여기에 참가하였다. 대대 부관의 명령으로 가오미현의 괴뢰현사무소로부터 18세부터 45세 정도의 평화 인민 약 70명과 당나귀 30마리를 약 12일 동안, 누계 인민 약 840명, 누계 당나귀 360마리를 강제징용하였다. 군량과 마초, 탄약, 위생재료 등을 운반하는데 총검의 위협 아래 한 사람당 무게 약 70킬로그램 이상의 짐을 지도록 하였다. 주야를 묻지 않고, 도로 등의 조건을 묻지 않고 일본 침략군대와 행동을 함께 하도록 하여 언제나 모욕하고 욕설을 퍼붓는 매일이었다. 주둔지에 도착해서도 아무런 먹을 것을 제공하지 않고 평화 인민이 스스로 준비하도록 하였으며 취침도 좁은 곳으로 밀어넣어 자도록 하는 등의 혹사를 하였습니다. 준동을 마친 후 가오미에서 각자의 집으로 돌려보냈습니다.

증인: 오노 마사미 918호

2. 1940년 6월 초순부터 7월 초순에 걸쳐서 산둥성 주청현 남쪽 지구에 독립보병 제18대대 '집성 하세가와(長谷川) 부대'를 편성하여 준동하였다. 나는 본부 급양계 주임오장으로 여기에 참가하여 가오미 괴뢰현사무소로부터 강제징용한 18세부터 45세까지의 남자, 평화 인민 약 70명, 누계 약 2천 127명과 당나귀 30마리, 누계 약 990마리를 군량과 마초, 탄약, 위생기자재 등의 운반을 위하여 혹사하였다. 당시 특히 비가 그친 후이었으며 비탈길을 무거운 짐을 짊어지고 속도를 빨리할 것을 요구하였다. 이를 위해 40명 정도를 한 사람당 한두 번

씩 막대기나 손으로 때리고 피부색이 변할 정도의 피해를 입히고 혹사하였습니다. 준동이 끝난 후 가오미에서 집으로 돌려보냈습니다. 한 달 정도 장기에 걸쳐 혹사하였기 때문에 일반적으로 일주일 정도 휴식하지 않으면 생산노동에 종사할 수 없을 정도의 피로와 손실로 인하여 가계에 대대적인 손해를 입혔습니다.

증인: 부재

3. 1940년 10월 상순부터 10월 하순까지 산둥성 예현 량명산지구를 독립보병 제18대 대장 오시마 덴타로 대좌의 지휘 아래서 준동하였습니다. 나는 급양계 주계오장으로 참가하여 가오미로부터 70명, 예현에서 30명을 각 괴뢰현사무소를 통하여 강제징용하였습니다. 13일 동안 누계 약 1천 300명을 군량과 마초, 탄약 등의 운반을 위하여 혹사하였습니다. 나아가 준동하는 동안 약탈품 후송을 위해 예현으로 돌아갈 때, 다이텐 주변 부락에서 달구지 약 100대를 약탈하여 이틀간 사용하였습니다. 현지 농민 4명을 붙잡아서 하루 동안 혹사하였습니다. 행군 종료 후 예현 및 가오미에서 집으로 돌려보냈습니다.

증인: 오노 마사미 918호

4. 1940년 12월 초순부터 12월 말까지 산둥성 예현 샤오먀오허우(小廟後)지구를 독립보병 제18대 대장 오시마 덴타로의 지휘 아래 준동하였다. 이때 본부 급양계 주계군조로 참가하여 가오미 괴뢰현사무소에서 80명, 예현 괴뢰현사무소에서 60명, 18세부터 45세 정도의 남자를 20일간에 걸쳐 누계 2천 800명을 징발하였습니다. 나아가 당나귀 40마리 누계 800마리를 강제징발하여 군량과 마초, 위생재료 등의 운반을 위하여 직접 혹사하였다. 이후 제1중대와 제3중대에 넘겨서 혹사시켰습니다. 가오미부터 징용한 사람들 약 30명은 제3중대의 샤오먀오허우의 점령부대를 구축하기 위하여 남기고 그 밖의 사람들은 준동을 마친 후 예현 및 가오미에서 돌려보냈습니다.

증인: 오노 마사미 918호

5. 1941년 3월 초순부터 하순에 걸쳐서 산둥성 예현 다이텐지구를 독립보병 제18대 대장 오시마 덴타로 대좌의 지휘 아래 준동하였다. 이때 본부 급양계 주계군조로 참가하여 예

현 현사무소로부터 18세부터 45세의 남자 130명, 당나귀 30마리를 군량과 마초 그 밖의 운반을 위하여 강제징용하여 15일간 행군을 하였으며 누계 1천 950명, 450마리를 혹사하였습니다. 준동을 마친 후 예현에서 돌려보냈습니다.

증인: 오노 마사미 918호

6. 1941년 10월 초순부터 중순에 걸쳐서 산둥성 예현 남쪽 지구를 독립보병 제18대대장 오시마 덴타로 대좌의 지휘 아래 준동하였습니다. 이때 본부 급양계 주계군조로서 참가하여 예현 괴뢰현 사무소로부터 18세 정도의 평화 인민 남자 100명, 당나귀 20마리를 강제징용하여 군량과 마초, 탄약 등을 운반시켰다. 12일간 혹사하여 누계 1,200명과 240마리를 혹사하였습니다. 준동을 마친 후 예현에서 돌려보냈습니다.

증인

7. 산둥성 가오미에 주둔하고 있던 1940년 가을부터 1941년 봄에 걸쳐서 독립보병 제18대 대장 오시마 덴타로 대좌는 가오미 대대 본부와 예현 제1중대, 핑두(平度) 제4중대 주둔부대에 각 2곳, 팅커우(亭口) 제3중대 및 장링(丈嶺) 제2중대 주둔부대의 각 1곳에 높이 7미터, 직경 5미터 정도의 망루를 구축하였다. 이를 위해 현지 평화 인민 약 3만 2천 명(한 곳당 4천 명)을 강제징용하여 혹사하였습니다. 나는 대대 본부 경리실 주계오장으로서 '특별공작비', '축성비'라고 하여 이 망루에 필요한 경비를 제5여단 경리부에서 수령하여 관계된 각 중대에 교부하였다. 형식적인 지불을 통해 혹사를 명령하는 역할을 다하였으며 이 혹사에 집단적으로 참여하여 집행하였습니다.

증인

8. 1939년 12월부터 1941년 12월 사이에 독립보병 제18대대 경리실 금전계 하사관으로서 산둥성 가오미에 주둔하는 동안 16세부터 35세 정도의 남자 평화 인민을 매일 약 20명씩 본부 상용 인부로 마굿간, 취사, 목욕탕 등에서 연중 무휴로 혹사하였습니다. 이 사람들은 주로 괴뢰사무소를 통하여 강제징용하였으며 부락의 책임자에게 보증인으로 보증서를 작성하게 하였습니다. 또한 부대 내부의 사정이 외부 특히 팔로군에게 흘러들어가는 것을 경계하여

혹사한 사람들의 가정 정황을 감시하는 일을 문서로 가오미 헌병대에게 통첩하였다. 누계 혹사 인원 1만 4천 400명이었다. 그중 경리실에서 혹사하고 있던 장(姜)이라고 하는 사람을 나는 식기를 씻는 방법이 나쁘다고 손바닥으로 두 번 때렸습니다. 인부 대장으로 불린 사람은 런푸춘(任富春)이라고 불렀으며 부대 후문 가까이에 살고 있었습니다.

증인: 오노 마사미 918호

9. 1939년 11월부터 1941년 12월 사이 산둥성 가오미에 주둔하던 중 독립보병 제18대대장 오시마 덴타로 대좌는 다음과 같이 군용도로를 구축하였습니다.

가오미－핑두－예현 사이(주로 보수작업) 약 90킬로미터. 사허(沙河)진－예현－주챠오(朱橋)진 사이(좁은 도로 확장) 70킬로미터. 예현－샤오먀오허우－샤츄바오(夏丘堡) 사이(좁은 도로 확장) 45킬로미터. 주챠오진－이다오(驛道)－샤오먀오허우 사이(좁은 도로 확장) 22킬로미터. 길을 구축하기 위하여 명령으로 현지 평화 주민을 강제적으로 징용하여 구축 구역을 할당하여 책임지고 실행하도록 하였습니다. 무기를 가지고 실행을 요구하는 식으로 혹사하였습니다. 인원은 대체로 1킬로미터에 600명이었으며, 13만 6천 200명을 혹사하였습니다. 게다가 이 도로를 건설하기 위하여 경작지 약 181제곱킬로미터를 부지로 몰수하였습니다. 나는 대대 본부 경리실 하사관으로 도로 구축에 필요한 경비로 충당된 '특별공작비'를 여단 경리부에서 수령하여 관계 중대에 교부하였으며, 이 공사를 진행시키면서 사람들을 혹사하는 데 집단적으로 집행에 참가하였다고 할 수 있습니다.

증인: 오노 마사미 918호

10. 1939년 11월부터 1941년 12월 사이 산둥성 가오미에 주둔하던 중 독립보병 제18대대장 오시마 덴타로 대좌는 다음과 같이 군용전화를 가설하였습니다.

가오미－핑두－예현 사이 약 90킬로미터. 샤츄바오－샤오먀오허우 사이 25킬로미터. 이를 위해 약 1천 300명의 평화 인민을 혹사하였으며 가설 후에도 유지를 위하여 책임을 지게 하는 커다란 부담을 주었다. 전신주를 만들기 위하여 길이 약 8미터, 직경 15센티미터 이상되는 부락의 나무 약 3천 850그루를 벌채하여 약탈하였습니다. 나는 대대 본부 경리실 여단 경리부에서 이 경비를 '특별공작비', '통신시설비'로 수령하였으며, 관계 중대에 교부하여 약간의 형식적인 지불만 하는 것으로 가설을 지시하고 독촉하였으며 이 혹사의 집단적 집행인이었다고 할 수 있습니다.

증인: 오노 마사미 918호

11. 1940년 6월 초순부터 중순에 걸쳐서 산둥성 보산(博山)에서 투쓰커우(吐絲口)진까지의 선로를 제59사단 집성 이시바시(石橋)부대가 준동하였다. 이때 나는 급양계 주계군조로서 참가하였으며 약 12일간 행군하면서 보산 괴뢰사무소를 통하여 30세부터 40세 정도의 평화 인민 20명 누계 60명을 강제징용하였다. 후에 각 행선 부락에서 현지의 평화 인민 46명을 붙잡아 대략 이틀마다 교체하고 누계 93명에게 군량과 마초 그 외 모든 물품을 운반하도록 하여 혹사하였으며 이틀마다 교대지에서 각각 돌려보냈다.

증인: 혼쓰치 요시고로(本土吉五郎) 91호

혹사 결과	평화 인민		당나귀		작은 수레	
	인수	누계 인수	마리 수	누계 마리 수	대수	누계 대수
혹사 인수	700	194,516	150	2,840	100	200

적요: 누계 인수 194,516명은 주둔 기간을 더한 것입니다.

● 가옥 파괴와 몰수 사용

1. 1940년 12월 하순 산둥성 예현 샤오먀오허우 주변에서 제18대 대장 오시마 덴타로 대좌의 지휘 아래 약 500명이 준동하였습니다. 이때 팔로군 근거지인 샤오먀오허우에 제3중대장 다나카 에이지(田中英二) 중위가 새로이 주둔할 수 있도록 샤오먀오허우 가옥 100호 중 70호 정도를 파괴하였으며 잔존 건물을 주둔대가 부속지로 구축하였습니다. 나아가 샤오먀오허우를 침범하면서 팔로군 면바지 약 120벌, 신발 120켤레, 식용유 100병, 채소 500근, 가옥 내의 책상 120개, 의자 300개, 냄비 50개를 약탈하였습니다. 나는 이 죄행에 본부 급양계 주계군조로서 참가하였다. 직접 가옥 2동의 내부를 파괴하였으며 취사장을 설치하고 약탈물품으로 부대 급여를 충당하기 위하여 적극적으로 역할을 하였습니다.

증인: 오노 마사미 918호

2. 부대가 준동하는 행위를 할 때 본부 급양계 하사관으로서 가옥을 몰수하여 사용하는 일을 하였다. 점거 때마다 방어 구축을 위하여 부설하고, 숙소로 사용하고 마긋간으로 사용하기 위한 목적으로 가옥을 몰수하여 사용하였으며, 파괴하였습니다.

증인: 오노 마사미 918호

몰수 사용 시기	장소(주변)	몰수 사용 칸수	명령자	적요
1939년 7월 하순	산둥성 린취(臨朐)현 명좡	293	제18대 대장 이구로 세이고	준동 누계 인원 약 4,400
1940년 6월 상순	산둥성 주청 남쪽 약 30킬로미터	330	제18대대 본부장교 하세가와 코타로 (長谷川幸太郎)	준동 누계 인원 약 4,950
1940년 10월 중순부터 하순까지	산둥성 예현 량명산	364	제18대 대장 오시마 덴타로	준동 누계 인원 약 5,460
1940년 12월 상순부터 하순까지	산둥성 예현 샤오먀오허우	667	제18대 대장 오시마 덴타로	준동 누계 인원 약 10,000
1941년 3월 중순부터 하순까지	산둥성 예현 다이톈	420	제18대 대장 오시마 덴타로	준동 누계 인원 약 6,300
1941년 10월 상순부터 중순까지	산둥성 예현 량명산	1,236	제18대 대장 오시마 덴타로	준동 누계 인원 약 5,040
1942년 6월 중순부터 하순까지	산둥성 보산-투쓰커우진	120	제59사단 병기부장 이시바시 덴(石橋傳)	준동 누계 인원 약 1,800
합계		3,530		37,990

● 대량 약탈

1. 1940년 10월 중순 산둥성 예현 량명산 주변을 독립보병 제18대 대장 오시마 덴타로 대좌 이하 420명이 준동하였다. 이때 제1중대는 량명산 동쪽에서 제3중대는 다이톈 주변에서 약탈행위를 하였다. 양식은 주로 수수였으며, 작은 수레 약 130대 15톤 분량, 팔로군의 면바지 작은 수레 10대 400벌, 발동기 한 대, 그 외 불완전 소총, 수류탄, 공작 기계 부품 등 작

은 수레 약 10대분 15톤을 약탈하였습니다. 나는 이 준동에서 급양계 오장으로 참가하였으며 약탈품을 정리하여 예현 현성내로 후송하였으며 군량과 마초 이외의 약탈품을 독립혼성 제5여단 사령부로 후송하는 일을 맡아 하였습니다.

증인: 오노 마사미 918호

2. 1940년 가을부터 1941년 봄에 걸쳐서 산둥성 가오미에 독립보병 제18대대가 주둔하였다. 이때 대대장 오시마 덴타로 대좌는 가오미 대대 본부, 핑두 제4중대, 예현 제1중대 등 각 주둔지에 2곳씩, 장링 제2중대, 팅커우 제3중대 주둔지에 각 1개의 망루 진지를 구축하였다. 구조는 대체로 높이 7미터, 직경 5미터로 하였으며 한 곳당 기와 약 4만 5천 장, 목재 5세제곱미터가 필요하였습니다. 8개를 구축하기 위하여 기와 3만 6천 장, 목재 40세제곱미터 이상을 사용하였다. 이것을 전부 해당 지역의 인민들에게서 약탈하였습니다. 나는 제18대대 본부 경리실 주계오장으로 '특별공작비'로 칭한 북지나방면군이 중국 인민에게서 약탈한 경비를 제5여단 경리부로부터 수령하여 각 중대에게 지급하였다. 이 비용은 임금 지불 명목으로 지급하였으며, 그 비용으로 망루를 구축하였습니다. 약탈을 준비하는 등 집단적으로 약탈을 집행하였습니다.

증인: 오노 마사미 918호

3. 1942년 6월 하순 제1차 예신멍(業新蒙)작전에서 '집성 이시바시대' 대장 이시바시 덴(石橋傳) 대위가 보산지구를 준동하였다. 보산–투쓰커우진의 중간 지점에 있는 어느 부락을 팔로군 근거지로 판단하였으며, 이곳에서 9만여 원(중앙은행권과 그 외 은행 2~3종의 해방구 유통지폐)을 약탈하였습니다. 나는 이시바 시대의 급양계 주계군조로 이 약탈에 참가하였으며 이것을 집행하였습니다. 나아가 북지나방면군 사령관이 정하는 바에 따라서 이 지폐를 북지나방면군 경리부로 송금하였습니다.

증인: 혼쓰치 요시고로 91호

4. 1942년 10월 말부터 12월 말까지 '제3차 로중로동작전(魯中魯東作戰)'에 즈음하여 제19사단장 가키가와 스나오(柿川悌)는 각 대대로 하여금 산둥 중부와 산둥 동부 지역을 준동하도록 하였다. 가키가와 사단장은 '가축을 전부 약탈하라'는 명령을 내렸다. 멍인이수이(蒙陰

沂水) 주변[16]에서 주로 45대대, 110대대, 3대대에 의하여 소 약 400마리, 양 약 500마리, 당나귀 약 150마리를 약탈하였다. 약탈물품은 신타이(新泰) 및 타이안(泰安) 사단 병마창(兵馬廠)으로 모아서 일부 부대가 처분한 것 외에 지난 화물지창으로 후송하였습니다. 나는 본 작전에 사단 전투사령소 경리부 요원 주계군조로 참가하였습니다. 11월 중순까지의 시기에 신타이, 이수이, 보산, 칭다오 사이를 행군하였으며 작전부대로 군량, 마초 교부와 자금의 지불을 하였습니다. 이를 통해 행군을 보증하였으며 또한 약탈한 가축을 주계중위 스즈키 등과 함께 후송하는 등의 처리를 하였습니다. 또한 멍인에서 괴뢰사무소에 명령하여 채소 1천 500킬로그램, 수육 500킬로그램을 강제적으로 공출시켜 수탈하였습니다.

증인: 츠카고시 마사오(塚越政男), 470호

5. 1944년 6월부터 같은 해 8월까지의 기간 동안 제59사단장 호소가와 다다야스(細川忠康) 중장은 괴뢰현사무소로 하여금 실시하게 했던 밀 및 면화 수탈이 예정대로 진행되지 않자 '의(衣) 소공 제9호 작전' 실시를 명령하였다. 이에 따라 각 대대는 점거지역 내 전역에 걸쳐 직접 무력으로 약탈행위를 하였다. 제45대대는 사카이(酒井) 소좌 지휘 아래 1천 200명이 참가하여 밀 수탈행위를 하였다. 타이안현 판자(范家)진, 루시(魯西)진, 다자오커우(大絞口) 등에서 4천 750톤의 밀과 소 100마리를 약탈하였다. 제44대대는 히로세(廣瀨) 중좌의 지휘 아래 600명이 참가하여 린칭(臨淸), 관타오(館陶), 런핑(荏平) 등에서 밀 600톤, 면화 2천 900톤을 약탈하였다. 제110대대는 스즈키 중위 지휘 아래 200명이 링(陵)현, 핑위안(平原) 등에서 87톤 500킬로그램의 밀을 약탈하였습니다. 약탈품은 병력에 의한 보호 아래 미쓰이(三井) 등 독점재벌 현장요원에게 넘겨 주어 지난으로 후송시켰습니다. 나는 사단 경리부 주계과 소속 주계군조로 본 작전 실시에 임하여 한 개 대대에게 1개월당 약 70만 원을 지불하여 약탈행동을 보증하여 실시할 수 있도록 하였습니다. 나아가 6월 중순부터 약 1주간 린칭 제44대대 본부 내에서 군량, 마초 교부소를 개설하여 제44대대, 제110대대 등에 교부하였습니다. 본 작전에 참가하여 이 약탈을 집단적으로 집행하였습니다. 각 대대 모두 대량 약탈을 실시하고

---

16 이멍산구(沂蒙山區)라고 불리며, 1942년 가을(10월부터 11월) 이 지역에서 일본군의 소탕전과 산둥 지역 팔로군 부대의 소탕전에 대한 반격이 행해지는 치열한 전투가 있었다.

있지만 앞에서 기술한 것 이외는 불명확합니다.

증인: 에비하라 오사무(海老原收) 38호, 나가타 도모요시(長田友吉) 732호, 가네코 야스지(金子安次) 24호

대약탈 결과표

품목	수량	품목	수량	품목	수량	품목	수량	품목	수량
수수	15톤	소	500마리	채소	3,000 킬로그램	전신주	3,850개	책상	120개
소맥	10,750톤	양	500마리	기름	100킬로그램	발동기	1대	의자	200개
면화	2,900톤	당나귀	150마리	기와	36만장	불완전 병기류	1,500정	냄비	50개
면바지	520벌	부식 육류	300킬로그램	목재	40세제곱미터	지폐	9만원	신발	120켤레

6. 준동 기간에 행한 약탈

준동 동안 급양계 하사관으로서 또는 개인으로서 다음과 같이 약탈하였습니다.

약탈 시기	장소	급양계로서 부대 명령으로 실시한 것					
		곡물	육류	채소	식용유	식염	수숫대
1939년 7월	린취현 쟈좡	3,948kg	2,220kg	4,440kg	89kg	132kg	6,120kg
1940년 6월	주청현	3,540kg	2,475kg	5,280kg	99kg	128kg	1,980kg
1940년 10월	예현 량쟈산	1,872kg	2720kg	5,460kg	109kg	164kg	2,340kg
1940년 12월	예현 샤오먀오허우	4,000kg	5,000kg	10,000kg	300kg	300kg	6,000kg
1941년 3월	예현 다이톈	3,160kg	3,150kg	6,300kg	126kg	189kg	2,700kg
1941년 10월	예현 남쪽 지역	1,800kg	2,520kg	5,040kg	100kg	151kg	3,160kg
1942년 6월	보산-투쓰 커우진	600kg	900kg	1,800kg	37kg	48kg	720kg
합계		16,920kg	18,995kg	38,320kg	960kg	1,112kg	22,020kg
비고	본 약탈 분량은 1회당 사람은 양식 곡물 0,2킬로그램, 말은 사료 3킬로그램, 육류는 0.5킬로그램, 채소는 1킬로그램, 식염은 0.03킬로그램, 식용유는 0.02킬로그램, 말 사료는 수숫대 6킬로그램, 당나귀는 운반 보충용으로 매일 한 마리를 약탈하였다고 보아 확실한 한도를 기준으로 산출하였습니다.						

증인: 부재

● 임시 군사비 취급에 관한 범죄

임시 군사비 취급은 주계과의 주요한 업무이기 때문에, 이에 관하여 사단장 및 경리부장의 명의로 행한다. 나는 각 부대로의 명령 지시와 상급 부대로의 신청과 보고안을 적극적으로 작성하였다. 또한 그들의 명령을 각 부대에서 적극적으로 수행할 수 있도록 하기 위하여 검사와 감독을 행하였습니다. 검사와 감독의 구체적 사항은 다음과 같습니다.

1. 사단장이 규정하고 각 부대로 명령하는 제59사단 경리규정에서 금전 사항의 초안을 작성하였다. 그 요지는 아래와 같다.

- 각 부대장은 매년 임시 군사비와 소요 예상액을 사단장에게 신청한다.
- 사단장은 각 부대에 대하여 매년 예산액을 하달한다.
- 각 부대장은 매월 예산의 하달범위 내에서 경리부장에게 선지급 자금을 청구하여 수령한다.

			개인이 직접 약탈한 것							
	장작	당나귀	돼지	닭	수건	양말	인민복	가구(연료)	칫솔	중국 요리
	8,880kg	12마리	4마리	6마리	1	·	·	5개	·	·
	9,900kg	33마리	7마리	16마리	·	·	·	15개	·	·
	10,920kg	13마리	4마리	6마리	·	6	·	5개	·	·
	20,000kg	20마리	5마리	10마리	5	·	2	10개	12개	·
	12,600kg	15마리	6마리	8마리	·	·	3	7개	·	·
	10,080kg	12마리	2마리	4마리	·	·	·	3개	·	·
	3,600kg	12마리	2마리	5마리	·	·	·	5개	·	·
	75,980kg	117마리	30마리	55마리	5(6의오기)	6	5	50개	12개	2회 240원

초안을 북지나방면군 경리규정에 근거하여 1942년 6월 항목을 작성하였습니다. 이것이 각 부대에 지급하는 선지급 자금액을 제한하는 규정이 되어, 약탈을 강화하는 사단의 경리규정이 되었습니다.

2. 경리부장의 지시에 따라 1944년과 1945년 두 해 동안 각 부대 및 사령부 각 부서의 자료를 정리하여 사단의 연도 예산 신청의 초안을 작성하였다. 그 후 사단장 명의로 군사령관에게 '신청'하였습니다. 또한 군사령관으로부터 예산 하달이 실정에 비추어 심하게 부족함에도 불구하고 그대로 부대로 할당하여 하달안을 작성하였으며 사단장의 이름으로 하달을 집행하였습니다.

3. 1943년 12월부터 1945년 7월까지 통상 각 부대 18개의 매월 선지급 자금 청구액을 예산의 하달액에 따라 사정하여 삭감하였습니다. 그 위에 집계하여 군 경리부로 청구하였으며 그것을 수리하여 각 부대로 지급하였습니다.

4. 경리부장 이름으로 집행하는 회계경리의 검사, 감독 업무를 행하였습니다.

(1) 매월 각 부대 통상 18개 부대 선지급 자금 지불 결산서를 검사하여 경리 제반 규정과의 관계, 계산 오류를 점검하였습니다. 대개 한 개 대대의 한 달분의 결산에 대하여 40~80건의 지적을 하였습니다. 살인과 약탈을 본 취지로 하는 경리방침에 일치시키도록 명령하여 집행을 요구하였습니다.

(2) 1943년 제12대대, 제110대대, 1944년에 제41대대, 제42대대, 제43대대, 공병대, 통신대, 제53여단 사령부로 출장하여 1개 부대당 대체로 3일간 경리부장이 실시하였습니다. 회계경리실시검사에 조수로 참가하였으며 경리부장이 행하는 비평 자료를 제공하였으며, 부대에 대하여 사단방침과 일치하도록 하는 지도를 행하였습니다.

그 결과 중국 인민에게 입힌 손해

1. 1942년 6월 제1차 예신명작전부터 1945년 6월 축성작전까지 20여 회에 달하는 사단의 침략 준동을 준비하여 그 행동을 보장해 주었습니다

2. 1942년 4월 제59사단 편성 이래 1945년 7월까지 중국에서 주둔하는 동안 중국 인민

으로부터 물자 입수는 주로 약탈이었습니다. 그런데 윤함(淪陷)구[17]에서 일부에 대해서는 형식적으로 지불을 하여 이를 통해 일본제국주의의 조달을 합법처럼 보이도록 하였습니다. 실제로는 이 표면적 형식으로 약탈의 길을 열어 더욱 대대적으로 약탈을 하도록 명령했던 것입니다.

(1) 1945년 6월 당시 경상적 주요 경비에서 1개월당 부족분에 의한 약탈 정황

다음과 같이 1개월분마다 정당한 필요액은 대체로 3천 11만 80원으로 예상되는데 실제 지불은 631만 9천 880원으로 전체 필요액의 불과 20% 정도 밖에 지불하지 않았기 때문에 2천 379만 200원의 약탈을 행하였습니다. 다음은 실제 필요액이 전혀 지불되지 않아 약탈한 물품의 지불과 혹사분을 뺀 정황입니다.

약탈액		정당 필요액		
		수량	단가	소계
약탈 내용				
건물 신축 수선	노임	2,880명	300원	864,000원
운반물품	노임	27,000명	250원	6,750,000원
현지 조달	사람 양식 하루 한 사람	12,000	45원	16,800,000원
군량 마초비	말 사료 하루 한 마리	2,100마리	216원	236,080원
연료	장작 가격만	12,000명	6원	3,160,000원
상용 인부 임금	취사, 마구간 등	440명	250원	3,300,000원
합계				30,110,080원

실제 지불액		약탈액	적요
단가	소계	(부족에 의함)	
5원	14,400원	849,600원	1개 대대 360명 사용
3원	81,000원	6669,000원	1개 대대 3,000명
15원	5,600,000원	11,200, 000원	1개 대대 매일 1,100명
72원	71,280원	164,800원	1개 대대 매일 150마리

17 일본군에 의하여 점령된 지역을 말하며, 타이완(臺灣), 랴오닝(遼寧)성, 지린(吉林)성, 헤이룽장(黑龍江)성, 러허(熱河)성, 차하얼(察哈爾)성, 허베이(河北)성, 산둥(山東)성과 장쑤(江蘇)성 등이다.

실제 지불액		약탈액	적요
단가	소계	(부족에 의함)	
1.5원	54,000원	1,620, 000원	1개 대대 매일 1,100명
1원	13,200원	3,286, 800원	1개 대대 매일 40명
	6319,880원	23,790, 200원	

(2) 1942년 5월부터 1945년 7월 중순까지 1천 170일 동안 제59사단의 경상적 급양에 따라서 약탈한 주요 품목

품목	약탈량	산정 기초		비고
		1인(마리) 하루량	급양 일수	
곡물	6,240톤	사람 0.6kg 말 4.0kg	400일	준동 일수
육류	4,914톤	0.35kg	1,170일	1인 매일 12,000명 누계 1,404만 명
채소	7,020톤	0.5kg	1,170일	말 매일 2,100마리 누계 245만 7천 마리
연료 장작	28,080톤	2.0kg	1,170일	
말 사료 수숫대	9,828톤	4.0kg	1,170일	

3. 일본 침략군대 주둔 건축물, 신축과 개축에 따라서 중국 평화 인민 혹사

철도연선 이외의 오지 주둔지에서 1942년 4월부터 1945년 7월 사이에 주둔 건축물 신축과 개축을 행하였습니다. 강제징용으로 혹사시킨 평화 인민 수 약 14만 400명(산출기준은 1개월 1개 대대당 약 360명으로 계산하여 사단으로 환산하면 2천 880명의 39개월분)

나는 예산 및 선지급 자금 업무 집행에서 “도시 이외 지역에서 중대와 소대의 주둔대는 영구 주둔 가능성이 없어서 언제 이동할 수 있을지 알지 못하기 때문에 건조물과 관계된 일체의 재료, 노동임금은 지불하지 않는다”라는 사단장의 방침에 따라서 이 사안에 관한 예산 선지급 자금 교부액을 극도로 제한하였습니다. 결과 재료 약탈 외에 서술한 바와 같이 많은 평화 인민을 무보수나 마찬가지로 혹사하였습니다.

4. 준동 동안 모든 재료 운반 및 주둔 동안의 취사업무와 마구간 등의 작업을 위하여 중

국 평화 인민을 혹사

(1) 사단의 준동 주둔지 변경 등을 위하여 강제징용하여 혹사한 중국 평화 인민 약 105만 3천 명(산출기준 1개월, 1개 대대 약 3천 명, 사단으로 2만 7천 명의 39개월분에 따름)

(2) 사단 주둔 동안 각 부대, 취사, 마구간, 입욕장 등의 잡역을 위하여 매일 중국 평화 인민을 혹사하였으며 그 총계는 대체로 51만 4천 800명에 달하였습니다. 산출기준은 1개월 1개 대대, 매일 40명, 평균 사단 1일 440명을 1천 170일분으로 계산하였습니다.

주계과에서 내가 직접 행한 경비 제한이 이상과 같이 다수의 중국 평화 인민의 혹사를 위한 하나의 대대적인 조건이 되었던 것입니다.

나는 이상과 같이 임시 군사비 취급의 전반을 통하여 제59사단이 다른 사단에 비하여 "예산 절용의 성과"를 올리기 위하여 언제나 노력하였으며 "군사령관상에 부끄럽지 않도록" 언제나 적극적으로 역할을 다하였습니다. 사단장과 경리부장에게 봉사하여 그만큼 중국 평화 인민과 그 전위 팔로군 전사에 대한 도살과 약탈을 강화하여 왔으며 경리업무상으로 특히 심각한 죄행을 저지른 자입니다.

1954년 8월 11일

437호 와타나베 마사오

히로세 사부로 자필진술서

제113권 수록 전범

(* 본인이 서술한 자필진술서 속의 가필과 정정은 나 자신 스스로 행한 것입니다. 히로세 사부로)

성명: 히로세 사부로(廣瀨三郎).

생년월일: 1903년 3월 6일.

도쿄(東京)시 교바시(京橋)구 고로헤에(五郎兵衛)정에서 출생, 52세.

본적지: 시마네(島根)현 마츠에(松江)시 도나카바라(外中原)정 125.

현주소: 후쿠시마(福島)현 아시카(安積)군 도미타(富田)촌 아자다이토쿠(字大德).

가정 성분: 소시민.

경력

* 1909년 4월 1일 도쿄시 아카사카(赤坂)구 아오야마미나미(青山南)정 아오미나미(青南) 심상(尋常)소학교 입학.
* 1915년 4월 1일 도쿄시 아자부(麻布)구 사립아자부(麻布) 중학교 입학.
* 1917년 9월 1일 나고야(名古屋) 육군지방유년학교(陸軍地方幼年學校)[1] 입학.

1 육군유년학교(陸軍幼年學校)는 일본제국 육군이 선발한 만 13세 이상부터 15세 미만 남자(주로 당시 중학교 2학년생)를 장래의 장교 후보자로 교육하기 위하여 설립한 기숙사제 교육기관이다. 프로이센의 Kadettenanstalt를 모델로 설립되었다. 통칭은 육유(陸幼)·유년교(幼年校)·유년학교였다. 1896년 5월 육군중앙유년학교 조례(陸軍中央幼年學校条例, 明治29年勅令第212号) 및 육군지방유년학교 조례(陸軍地方幼年學校条例, 明治29年勅令第213号)가 제정되었다.

* 1920년 4월 1일 도쿄 육군중앙(中央)유년학교(같은 해 8월 육군사관학교 예과[陸軍士官學校豫科]로 개칭)[2] 입학.
* 1922년 10월 1일 육군사관학교 본과(本科) 입학.
* 1924년 7월 하순 육군사관학교 본과 졸업, 보병 제51연대 소속(미에[三重]현 쓰[津]시) 견습사관 명령을 받음.
* 1924년 10월 25일 육군 보병 소위로 임관, 보병 제51연대 소속으로 임명되다.
* 1925년 5월 1일 보병 제68연대 소속으로 전보 발령을 받음.

* 1927년 10월 25일 육군 보병 중위로 임관되었으며 소속은 예전과 같음.
* 1928년 4월 하순~1928년 10월 하순 지난사변(濟南事變)[3]으로 인하여 보병 제68연대 제3대대 부관으로 중국 산둥(山東)성으로 출병.
* 1932년 6월~1933년 6월 베이징(北京)공사관 호위대 소속으로 중국 베이징에 주둔.
* 1933년 8월 1일 육군 보병 대위로 임명, 보병 제68연대 중대장(제5중대장)으로 임명되다(기후[岐阜]현).
* 1934년 4월~1935년 7월 말 보병 제68연대 제5중대장으로 만주 동부에 주둔.
* 1935년 8월 1일 보병 제57연대 제6중대장, 이어서 같은 해 12월 1일 같은 부대 보병 포

이에 근거하여 도쿄에 육군중앙유년학교(陸軍中央幼年學校)가 설치되고 하급 학교로 도쿄, 센다이, 나고야, 오사카, 히로시마, 쿠마모토(東京, 仙台, 名古屋, 大阪, 広島, 熊本)에도 육군지방유년학교(陸軍地方幼年學校)가 설립되었다. 지방유년학교에 입학하여 3년, 졸업하면 중앙유년학교에 들어가 2년, 지방과 중앙을 합치면 5년의 학습 기간을 갖게 된다. 히로세 사부로도 나고야 육군지방유년학교 졸업 후 도쿄 육군중앙유년학교에 들어가 2년간 수학하였다. 중앙유년학교 졸업 후 사관 후보생이 되어 부대에서 하사병졸 근무를 6개월 동안 하고 육군사관학교로 진학한다.

2 1920년 육군사관학교가 예과(予科)·본과(本科)로 재편, 이후부터 육군유년학교는 육군사관학교 예과(陸軍士官學校予科)가 되었다. 이는 나중에 육군예과 사관학교로 개칭되었다. 1940년 육군유년학교령 제1조는 "육군유년학교는 생도에게 육군예과 사관학교 생도에게 필요한 소양을 부여하기 위하여 군사상의 필요를 고려하여 보통학과를 교수하여 군인정신을 함양하는 곳으로 한다"라고 정의하고 있다. 陸軍省軍事課, 「陸軍幼年學校令改正の件」, 1940年3月8日, アジア歴史資料センター, Ref.C01001782700.

3 중국에서는 지난참안(濟南慘案), 5·3참안(五·三慘案)으로 불린다. 1928년 5월 3일 오전 국민당의 2차 북벌 도중 중국 산둥(山東)성 지난을 점령한 국민혁명군과 지난에 주둔하고 있던 일본군이 충돌하여 발생한 사건을 말한다. 상당한 숫자의 중국 국민이 일본군의 기습으로 살해되었다. 중국 측은 일본군이 "무저항 외교관을 살해하였다"고 강하게 비난했는데, 이를 계기로 일본군은 군대를 증파하여 제3차 산둥 출병을 결정하였다. 5월 11일 지난을 점령하였으며 1929년 3월 합의가 성립되어 일본군이 물러났다.

대장으로 임명되었다(치바[千葉]현 사쿠라[佐倉]).

* 1936년 4월~1936년 11월 말 보병 제57연대 보병 포대장으로 만주 치치하얼(齊齊哈爾)에 주둔하였다.
* 1936년 12월 1일 보병 제57연대 유수대(留守隊) 제2중대장으로 발령받았다(사쿠라).
* 1937년 9월 유수 제1사단 동원명령이 내려지면서 보병 제57연대 보충대 보병 포대장을 명령받았다(사쿠라).
* 1938년 12월 6일 동년 같은 달 말 보병 제157연대 보충요원(1천 100여 명) 교부를 위하여 중지(中支) 장시(江西)성 주장(九江)시 더안(德安)현으로 출장.
* 1939년 3월 상순 육군 소좌로 임관하였으며 제57연대 보충대 포총대장으로 발령받음(사쿠라).
* (*두 글자 정정) 1940년 10월 보병 제157연대 기관포 대대장(사쿠라).
* (*한 글자 정정) 주(註): 1937년 9월 동원에 의해 편성된 보병 제157연대는 1940년 여름 복원 해산되어 1940년 10월 새롭게 사쿠라에 신설되었다.
* 1941년 6월 상순 보병 제129연대 대대장으로 발령받음(후쿠시마현 고리야마[郡山]시).
* 1942년 3월 말 제59사단 부관으로 임명되어 1942년 5월부터 1944년 2월 하순 타이안(泰安)으로 이동, 1944년 2월 하순부터 1945년 3월 상순까지 지난(濟南).
* 1943년 8월 1일 육군 중좌에 임명되었으며 직무는 예전과 같음.
* 1945년 3월 6일 제3군 부관에 임명되었으며 같은 해 4월 중순 군사령부 옌지(延吉)로 이주, 같은 해 8월 15일 옌지에서 소련군에게 붙잡혔다.[4]

4 히로세 사부로도 와타나베 마사오와 마찬가지로 제59사단 257명 중 한 사람이었다.

자신의 죄악

(一) 산둥 출병 시(1928년 4월부터 1928년 10월까지) 보병 제68연대 제3대대 부관(중위)이었을 때의 죄악

1928년 8월 이후 제3대대는 쟈오지(膠濟)철도[5] 서쪽 연선 경비대였으며 본부는 장뎬(張店)에 있었습니다. 칭저우(青州)-장뎬-황타이(黃台) 사이의 본선 및 장뎬-쯔촨(淄川)-보산(博山)의 지선 경비 및 같은 연선에 있는 재류 일본인의 생명과 재산 및 권익 옹호 임무를 맡고 있었습니다. 당시 산둥성에 출병하고 있던 일본군 최고 지휘관 제3사단장 아마(安滿) 중장은 쟈오지철도 양쪽으로 2킬로미터 이내의 지역(별도로 중요 지점이었던 쯔촨, 보산 탄광 부근 지역으로 더욱 확대하였습니다)에 중국 무장단체가 머무는 것, 그리고 무장단체가 무단으로 철도를 횡단하는 것을 금지한다는 내용의 포고를 공시하고 있었습니다. 9월 상순 타이산(泰山) 방향으로부터 북상한 산둥 종대(縱隊) 제2종대(이었다고 기억하고 있습니다만 잘못되었을 수도 있습니다)가 쯔촨 서쪽의 앞에서 서술한 금지지역 내로 진입하여 왔기 때문에 대대장은 재차 경고를 발하고 철퇴할 것을 요구하였습니다. 그러나 점차로 이동하여 금지지역 밖으로 철퇴하는 모습이 보이지 않았기 때문에 사단에 보고하여 인가를 얻어서 토벌을 실시하였습니다. 일시는 9월 말로 27일경이었다고 생각합니다. 지점은 쯔촨 서쪽 약 5(6)킬로미터입니다.

참가 병력은 제3대대 본부 제9중대, 10중대, 제3기관총 중대, 포병 1중대(단 산포[山砲] 2[門]), 별도로 지난으로부터의 응원부대로 동일 소속 연대의 제6중대, 기병 1소대입니다.

산둥 종대 제2종대는 박격포 및 경기병(輕騎兵) 약간을 갖추고 있었으며 병력 약 500명이라고 알려져 있었습니다.

전과는 유기 시체 27구(그중 3명은 체포 후 찔러 죽임), 박격포 4문, 박격포 탄약 25발, 경기병 2, 소총 17(8)개, 탄약 3(4)백 발, 동전 만수천 매(시가 백이(삼)십 원), 당나귀 2마리 정도를

---

5 20세기 초 산둥철로(山東鐵路), 쟈오지선이라고도 불렸다. 동쪽으로는 칭다오(青島)를 기점으로 서쪽으로는 지난(濟南)에 이른다. 1899년 건설되기 시작하여 1904년 완성되어 개통되었다. 384.2킬로미터, 지난, 칭다오의 양대 성시를 연결하여 산둥의 운수대동맥을 횡단한다.

올렸습니다.

본 전투에서 대대적으로 중국 인민을 살해하였으며 특히 제6중대가 잡은 포로 세 명에 대해서 대대장이 그들을 현장에서 찔러 죽이라고 명령하여 나는 부관으로서 이 명령을 제6중대에게 전달하여 즉시 찔러 죽이고 매장하는 죄악을 범하였습니다. (당나귀는 산둥 종대가 현지 주민한테서 징발한 것이라고 호소했기 때문에 전부 농민에게 반환하였습니다)

(二) (*한 글자 정정, 1936년을 1932년으로) 베이징 주둔 시(1932년 6월~1933년 6월) 베이징공사관 호위대 소속(중위)이었을 당시의 죄악

공사관 호위대 명의로 중국의 독립과 자유를 경시하고 모욕하였으며 중국 인민에 대해 모욕을 주고 경시하는 죄악을 범하였습니다.

(三) 만주 동부 주둔 시(1934년 4월~1935년 7월) 보병 제68연대 제5중대장(대위) 당시의 죄악

1. 1934년 6월 중순 약 5일간에 걸쳐서 제2대대는 하이린(海林)–닝안도(寧安道) 및 닝안 서쪽 지역, 닝안–하이린–예허(掖河) 사이의 지형 정찰 및 시위 행군을 하였습니다. 나는 닝안 서쪽 지역의 지형 정찰 및 지도를 수정하는 작업을 하던 중 닝안 서쪽 약 12(3)킬로미터 밀림 근처에서, 밀림 녹지에서 살고 있는 사람이 없는 소가옥 두 채를 부근의 항일군이 이용하는 것을 방해하기 위하여 소각하였다. 중국 인민의 재산에 손해를 입히는 죄악을 범하였습니다.

2. (*한 글자 추가, 둔영 뒤 '의[の]') 1934년 6월 하순 제7중대가 리수(梨樹)진으로 철도 수송을 하던 도중 항일군으로부터 열차 습격을 받고서 일거에 이십 명이 넘는 수의 전사자를 내었습니다. 이때 잡은 포로 두 명을 예허로 후송하여 둔영 위병소 앞에 있는 말뚝에 묶어 두고 있었는데, 나는 이웃 중대의 비참한 전투에 대한 동정과 분격에 넘쳐서 이 두 명의 포로의 빰을 때리는 죄악을 범하였습니다. 이 두 명은 후에 7중대에 의해서 사살되었다고 들었습니다.

3. (*한 글자 추가, 제지[制止]의 지[止]) 1934년 7월 상순 모다오스(磨刀石) 남쪽 885고지 정찰을 위하여 제2대대가 이 지역의 밀림지대를 수색하였을 때 제6중대가 항일 밀정 한 명을 잡았습니다. 대대장 사토 이토쿠(佐藤爲德)는 그를 나무에 매달아 고문한 후에 살해하는 죄악을 범하였는데, 이를 목격하였는데도 불구하고 중대장으로서 제지하지 않았습니다. 나는 또한 이 죄악의 절반을 범한 자라고 생각합니다.

4. (*한 글자 추가, 익[翌]; 두 글자 중국[中國] 추가, 한 글자 정정, 유린[蹂躪]의 린[躪]자) 1934년 7월 하순 대대장으로부터 예허 남쪽에 주둔하고 있는 항일군을 급습해야 한다는 명령을 받았습니다. 같은 날 일몰 후 둔영을 출발하여 그다음 날 미명에 근거지를 급습하였지만 적 주력을 놓치고 말았습니다. 참가 병력 약 50명이었으며 전과는 찔러 죽이기 2명, 가옥 소각(작은 창고도 함께) 3채, 아편 재배지 약 1정보를 짓밟아 망가뜨리고, 이 전투에서 감시병으로 오인하여 중국 농민 2명을 찔러 죽였습니다. 죄행을 덮으려고 하여 소속 병사들과 함께 소각하였으나 그때 소생한 한 명을 거듭 사살하여 소각하였습니다. 또한 중국 인민의 재산을 소각하여 짓밟았으며 손해를 입히는 죄악을 범하였습니다.

5. 1934년 8월 상순 모다오스 남쪽 14(5)킬로미터 지점의 무명 부락에서 항일군 일부가 잠입하고 있다는 정보를 접하였습니다. 당시 모다오스의 위만주국 군인막사를 이용하여 주둔하면서 동 지역 부근을 경비하고 있던 나는 중대 (약 60명)을 이끌고 미명에 출발하여 공격하였지만 적은 일찍이 대피하고 없었다. 이에 대하여 추격 사살을 명하였습니다. 그때 잘못하여 중국 여성 한 명을 사살하였기 때문에 이를 매장하였는데, 남겨진 아이인 것 같은 유아(3, 4세)는 모다오스의 치안유지회(명칭을 분명히 기억하지 못하지만 당시 이 지역 부근의 행정을 하고 있었습니다)에 의탁하는 상황에 이르렀습니다. 나는 이 전투 행동에서 완전히 아무런 힘도 없는 한 중국 여성을 잘못하여 사살하기에 이르러 천애고아를 만드는 중대한 죄악을 범하였습니다.

6. (*한 글자 약[約] 추가; 검색은[檢索ハ]의 은[ハ] 추가) 전선 가설 및 선무공작 엄호대로서의 죄악

1934년 9월부터 같은 해 10월 말에 걸쳐서 리수진－핑양(平陽)진－반제허(半截河)－미산

(密山) 사이의 전선 가설 및 선무공작반 엄호대로 활동하였습니다. 부하 중대 주력(약 80명)으로 약 2개월에 걸쳐 앞에서 기술한 지역에서 행동하면서 선무공작반의 기만 공작을 방조하였으며 중국 인민을 기만하여 또한 군용전선 가설을 완성하였습니다. 이 지역에서 일본 군대의 침략 행동을 쉽게 만들 수 있는 소지를 만드는 죄악을 범하였습니다. 10월 중순 반제허에 숙영하던 중에 이 지역의 항일군 밀정이 잠입하였다는 정보에 의해서 이 지역 헌병 분견대가 부락을 일제히 검색한다는 방침을 세우고 이에 따라 부하를 부락 주변에 배치하여 촌민의 탈출을 감시하였습니다. 이 검색 죄행을 방조하는 죄를 범하였습니다. 이 검색은 성공하지 못하고 끝났습니다.

이 밖에 일본군 병사들은 주둔지역 이외의 지역에 숙영할 때 중국 인민의 집안 물건을 강제적으로 부당하게 염가로 차용하였습니다. 또한 행동하는 동안 동행한 마차(약 50대)의 중국인 마차부에 대하여 지극히 저열한 대우를 하면서 중국 인민을 멸시하여 노역에 쓰는 죄행을 범하였습니다.

7. 1934년 11월 중순부터 이달 말까지 빈쑤이선(濱綏線)[6] 산스(山石)역에 부하 9명과 함께 머물렀습니다. 오로지 이 지역과 부근 밀림지대의 적정을 삼림경찰대를 통하여 수집하여 당시 하이린 부근을 중심으로 토벌 행동 중의 대대에게 보고하여 대대의 토벌 행동에 도움이 되는 죄악을 범하였습니다.

8. 1935년 3월 상순부터 4월 상순 둥칭(東淸)철도[7]를 접수하는 데 있어서 엄호를 위하여 중대 주력으로 헝다오허쯔(橫道河子) 일부를 헝다오허쯔와 산스 사이의 중간역(역명을 잊었습니다)에 배치하였습니다. 산스–헝다오허쯔–가오링쯔(高嶺子) 사이의 철도 및 헝다오허쯔의

---

6 빈쑤이철로(濱綏鐵路)를 말하는 것으로 원래 명칭은 둥칭철로 동선(東淸鐵路 東線)이다. 기점은 하얼빈(哈爾濱)이며 종점은 중러 국경 도시인 쑤이펀허(綏芬河)이다. 1898년 6월 9일 건설이 시작되어 1901년 3월 3일 전선이 개통되었다. 헤이룽장(黑龍江)성의 중요한 간선 철로이다.

7 하얼빈 철도의 옛 이름. 중국 동북지구(만주)의 동서와 남북을 연결하는 주요 간선. 19세기 말 러시아가 일본에 대한 삼국간섭의 대가로 부설권을 획득하여 만주에 건설한 철도로서, 현재 중국의 장춘철로(長春鐵路)를 가리킨다. 신해혁명 후에는 중동(中東)철로, 만주사변 후에는 북만주철도라고 불렸다(한국사사전편찬회, 『한국근현대사사전』, 2005. 9. 10).

기관 창고 경비를 맡아서 무력적 위압으로 동 철도의 약취를 용이하게 하는 죄악을 범하였습니다.[8]

9. (*세 글자 급[急], 18[十八] 추가, 23[二十三] 삭제) 1935년 4월 하순 화롄거우(花臉溝)에서의 죄행

1935년 4월 중순 대대 명령으로 부하인 스즈키(鈴木) 소대를 다화롄거우(大花臉溝, 닝안 동쪽)에 분산하여 주둔시켰습니다. 4월 하순 당시 모다오스 남쪽 지구의 항일군에 대하여 제8중대(대장 안도[安藤] 대위)가 토벌을 행하는 한편 적이 다화롄거우 방향으로 탈출할 공산이 크다고 판단한 대대장 우시카타 히토카도(牛方一角)는 나에게 스즈키 소대를 지도하여 적을 수색하는 공격을 하라는 명령을 내렸습니다. 나는 부하 약 50명을 이끌고 스즈키 소대의 분견 주둔지에 이르러 이 지역에 수일간 주둔한 스즈키 소대를 아울러 지휘하였습니다. 4월 말의 어느 하루(일시를 명확하게 기억하지 못함) 분견 주둔지 동남쪽 10킬로미터 정도의 산중으로 전진했을 때 전방으로 파견되어 있던 스즈키 소대가 골짜기 아래의 민가에서 도망가는 중국 인민을 발견하였습니다. 급하게 사격 명령을 내려 18명을 격추하여 살해하였습니다. 총성으로 내가 현장에 도착했던 때는 이미 전투를 끝마치고 있었습니다. 이것은 당시 내가 밀림 속의 적 및 적과 내통하고 있는 주민을 사살하라고 명령했기 때문에 소대장은 지형상 내통하는 자로 판단하여 사살했던 것입니다. 완전히 내 책임이라고 할 수 있습니다.

나는 이렇게 많은 중국 인민을 살해하는 죄행을 저지르고 나아가 엄폐하고자 하여 한 채의 집(두 채 밖에 없었습니다)에 시체(여성도 있었다고 기억하지만 숫자는 잊었습니다)를 수용하고 가옥과 함께 소각하도록 하는 등 엄중한 죄악을 범하였습니다.

---

8 1903년 7월 14일 둥칭철로 전선이 개통되어 영업을 정식으로 시작하였다. 그 후 대량의 자본이 유입되어 상업과 무역이 발달하였으며 30여 개 국가가 이 철로를 따라 영사관과 은행을 설립하였다. 만주리(滿洲里), 푸라얼지구(富拉尔基區), 자란툰시(扎蘭屯區), 하얼빈 지역이 상업과 무역을 중개하면서 발전하기 시작하였다. 러일전쟁 후 제정러시아는 남만철로의 장춘(長春)에서 다롄(大連) 구간을 일본에게 넘겨주었다. 1935년 3월 소련은 중소가 공동 경영하던 둥칭철로 북단(북만철로)을 1억 4천만 엔을 받고 일본이 세운 만주국에게 넘겨주었다. 바로 이 시기 철로 주변 일본 군대의 움직임이 어떠하였는지 엿볼 수 있는 진술이라고 할 수 있다.

10. 1935년 6월 중순부터 약 2주간에 걸쳐서 대대는 스터우(石頭, 닝안 둥징성[東京城]의 대략 중앙) 동남쪽 밀림지대를 근거지로 삼고 활약 중인 항일군을 수색하여 공격하기 위하여 스터우 동쪽 및 동남쪽 지역으로 분산 배치하여 토벌을 실시하였습니다. 나는 중대(약 80명)를 이끌고 스터우 동남쪽 약 10킬로미터 지점의 무명 부락의 가옥 하나를 강제로 차용하여 그곳을 근거로 삼았습니다. 중대를 대체로 두 개로 나뉘어 번갈아가며 그곳으로부터 평균 7(8)킬로미터의 밀림지대로 파견하여 항일군을 수색하도록 하여 공격을 명령하였습니다. 25(6)일경이었다고 생각합니다. 당일 파견한 다마이(玉井) 소대는 밀림 중에서 항일군과 불의에 조우하여 기선을 제압하여 공격하여 항일군 전사 5명을 사살하고 소총 한 정, 탄약 약간을 약탈한 위에 귀대하였습니다. 이는 나의 명령에 의해 범한 죄행입니다. 그에 대한 모든 책임은 중대장인 내가 져야 하는 것입니다.

11. 위의 토벌 종료 후 대대의 약 절반은 주둔지 예허로 귀환하였으며 대대장은 대대의 약 절반과 증원 제3중대를 합쳐서 지휘하여 샤오왕칭(小汪淸)으로 이동하였습니다. 이 지역의 일본영사관 경찰 등으로부터 당시 이 지역 부근에서 활약 중인 조선독립군 정보를 청취하였습니다. 이틀간 체재 후 나는 대대 명령에 의해 부하 약 40명을 이끌고 철도를 타고 먼저 샤오왕칭에서 남쪽으로 두 번째 역에서 하차하였습니다. 이 지역으로부터 샤오왕칭 일본영사관에서 빌린 조선인 밀정 한 명을 길잡이로 삼아 6월 30일인지, 7월 1일인지(양일 중의 어느 쪽이었는지 확실하게 기억하지 못합니다)에 이 지역으로부터 약 20킬로미터 지점의 동쪽 밀림 속 근거지를 급습하였습니다. 하지만 그 직전에 발견한 누군가에 의해 급 사격을 받았기 때문에 바로 산길을 뛰어 올라가 돌격하였습니다만 때는 이미 늦어서 조선독립군을 밀림 속에서 놓쳤습니다. 남겨진 애국적 선전문과 삐라 수백 장을 약탈하여 약 50명을 공략할 수 있는 반지하식 가옥 한 채를 소각하고 귀대하는 죄행을 저질렀습니다.

(四) 치치하얼(齊齊哈爾) 주둔 당시(1936년 4월~1936년 11월) 보병 제57연대 보병 포대장(대위) 시절의 죄행

1. 1936년 8월 보병 제57연대 주력은 둥볜다오(東邊道) 지구 토벌 참가를 위하여 번시후(本溪湖, 번시[本溪]의 옛 이름 – 역주)와 그 동남쪽 지구로 이주하였습니다. 보병 포대 간부후보생 하사관 후보자는 치치하얼에 잔류하여 교육훈련에 전념하고 있었습니다. 그런데 9월 중순 보병포병 실재 사격훈련을 위하여 치치하얼시 북쪽 교외의 일부 경지를 이용하여 하루 종일 사격을 행하였으며 그 동안 이 지역 부근의 중국 농민들을 하루 동안 사격지역 밖으로 강제 철퇴시켰습니다. 게다가 출입을 금지하여 노동을 불가능하게 하는 죄행을 저질렀습니다. 사격지역은 대체로 폭 1킬로미터, 길이 4킬로미터, 철퇴시킨 인원은 30, 40명이었다고 생각합니다. 그리고 당시 작물은 적지 않은 작물에 대하여 손해를 입혔던 것이 아닌가 기억하고 있습니다.

2. 둥볜다오를 이주한 연대 주력 대대의 연대장 야마구치 나오토(山口直人)로부터 보병 포대의 이등병 중 일부로 승마소대를 편성하여 토벌에 참가시키라는 내용의 명령을 받고 부하인 스기우라(杉浦) 중위, 하사관 2명, 이등병 25명 등 합계 28명을 선발하여 파견하였습니다. 승마소대는 주로 작은 시에 주둔하였으며 제2대대에 배속되어 동 대대장의 명령에 의해서 수회 전투에 참가하여 중국의 애국전사를 살상하는 죄행을 범하였습니다. 그런데 그 전과에 대해서는 지금 기억하지 못하고 있습니다. 이 죄행은 나의 소속 부서가 편성하여 토벌에 참가하도록 하였으며, 그 결과 일어난 일이기 때문에 나는 이 중대한 죄악을 조성하고 방조하는 죄를 범했던 것입니다.

(五) (*사[四]를 오[五]로 한 글자 정정) 중국 중부 출장 시(1938년 12월 6일~1938년 12월 31일) 보병 제57연대 보충대 보병 포대장(대위) 시절의 죄행

나는 중국 중부 지역에서 침략작전 중 제101사단 보병 제157대대의 사상자 보충을 위해 유수(留守) 제1사단의 명령으로 병사 1천 100여 명을 수송하였습니다. 1938년 12월 6일 치바(千葉)현 사쿠라(佐倉)를 출발하여 우지나(宇品)에서 승선하여 해로와 양쯔(揚子)강을 도강하여 12월 14일 주장(九江) 보병 제157연대의 수령자에게 보충인력을 인도하였습니다. 그 위에 나는 치바현 관민으로부터 위문품, 위문편지를 받아서 더안(德安) 남쪽 5킬로미터 지점의 동 연대 본부에 이르러 위에서 기재한 물품을 넘겨주고 보충대의 연락사항을 청취한 후 이틀간 체재하였습니다. 그 후 주장, 난징, 상하이를 경유하여 연말에 귀국하였습니다. 위의 행동은 당시 루산(廬山) 부근에서 이른바 삼광(三光)정책[9]이라고 하는 죄악을 범하고 있던 제101사단의 전력을 보충, 강화하여 이후 더욱 침략 죄행을 범하는 일을 돕는 일을 하였습니다.

(六) (*오[五]를 육[六]으로 한 글자 정정) 산둥성 주둔 시(1942년 4월 ~1945년 3월) 제59사단 고급부관(전반은 소좌, 후반은 중좌) 시절의 죄악

1. 장추(章邱) 부근에서 무장단체를 무장해제시키면서의 죄악

1942년 5월 상순 약 3일간 산둥성 장추 교외. 참가 부대 독립보병 제43대대

참모장 세키야 즌(關谷順)은 장추 주변 지역에서 일본군에게 협력하고 있던 무장단체가 점차로 일본군을 떠나서 항일군으로 합류하는 경향을 감지하였다. 그의 계획과 지도에 따라서 독립보병 제43대대장 야마우치(山內)에게 이 단체를 도와 현의 괴뢰경찰대로 개편하라고 하는 좋은 먹이를 [던지도록 하여 그들을] 기만하여 장추성 교외로 집합시켰습니다. 일본군은 미리 준비하고 있던 지역의 경찰서 [인력으로 그들을] 은밀하게 완전히 포위하도록 하였습니다. 드디어 그들의 무장을 전부 해제시키고 무기 구입비와 여비 명목으로 얼마간의 금액을 주고 무기를 약탈한 후 해산시켰습니다. 약탈 총기는 수백 정에 이르렀지만 상세하게 기억하지 못합니다.

나는 이 작전에서 작전계획 기안에 참가하여 원안에 찬성의 뜻을 표하였습니다. 그 외 또

---

9 삼광작전이라고도 한다. 일본 북지나방면군이 1939년 가을부터 중국공산당 항일 근거지의 주민과 양식, 건물 등의 물자를 철저하게 빼앗고 태우고 파괴하는 것을 목표로 행하였다. 이 작전은 점차로 체계적이고 규모를 갖추어 장기화하였다. 모조리 태우고(燒光), 모조리 죽이고(殺光), 모조리 빼앗는다(搶光)를 삼광(三光)이라고 부른다.

한 사단장을 수행하여 장추 보병 제73대대 본부에서 작전 진척 상황을 사단장과 함께 교시하였으며 이 침략 기만의 죄악의 절반을 범한 것입니다.

2. 타이안(泰安)사단 사령부 타이안역 사이의 군용도로 구축 범죄

1942년 6월 사령부와 타이안역 사이의 도로가 길 폭이 협소하여 우회하는 것이 불편한 점이 많았습니다. 때문에 나는 새롭게 군용도로를 건설하여야 한다는 의견을 올려서 채용되었습니다. 그 결과 경리부로부터 설계와 시공을 하도록 하는 명을 받았습니다. 이로부터 중국인민의 경지 3만 2천 제곱미터(길이 4천 미터, 길 옆의 도랑을 포함한 폭 8미터)를 염가로 약탈하여 [도로] 구축을 위하여 부근의 중국 인민 약 만여 명의 인원을 약 20일 동안 강제노역시키는 죄악을 범하였습니다.

3. 1942년 6월이었다고 생각하는데 약 10일간에 걸쳐 제12군 사령부의 계획 지도 아래 신타이(新泰) 동쪽 산악지대의 항일군 근거지 박멸작전을 행하라는 사단으로부터의 [지시가 있었습니다] 주로 보병 제54여단이 참가하였으며 사단장도 여단의 작전 지도를 위하여 참가하였습니다. 이때 나는 전속부관으로 참가하여 관리 부대와 위병대를 차출하여 사단장의 행동을 엄호하여 [사단장의] 작전 지도를 용이하게 만드는 범죄를 행하였습니다.

4. 1942년 7월 산둥성의 특산품인 페이청(肥城)현[10]의 복숭아를 상급 각 군사령관과 예하 제 부대장에게 증여하도록 하라는 사단장의 지시를 받았습니다. 나는 페이청현의 분견대 대장을 통하여 이 현의 현장에게 명령하여 천여 개의 복숭아를 대체로 당시 시가의 절반으로 약탈하였습니다. 또한 다음 해인 1943년에도 같은 범죄를 저질렀습니다. 1942년에 8천여 엔 이상을, 1943년에는 5천 엔 이상의 손해를 중국 인민에게 입히는 범죄를 행하였습니다.

10 산둥성의 중부 지역이며 타이산의 서쪽 기슭에 자리하고 있는데, 지금도 복숭아 도시로 유명하다.

5. 포로에 대한 죄악

1942년 8월 당시 예하 모 대대에서 붙잡은 항일군 포로 한 명을 사단 참모 오리타 사다시게(折田貞重)가 호송을 위하여 사단 사령부로 불러서 약 1주간의 작업을 하고 있었다. 나는 직무상 여러 번 사령부 구내에서 순시를 돌았다. 우연히 어느 날 위병소에 인접하고 있던 영창의 오른쪽에 포로가 유치되어 있는 것을 보고 성명, 연령 등을 물어보았다. 그러나 언어가 통하지 않자, 그의 태도가 오만하다고 보아 [그를] 위협하려고 하여 수차례 그 사람의 뺨을 구타하는 죄를 저질렀습니다.

6. 평(封)진 추라이(徂徠)산작전(1942년 8월부터 1942년 10월)에서의 죄악

타이안 동남쪽 추라이산 주변

참가 병력 보병 제47대대의 약 1중대 반, 보병 제111대대의 한 개 중대 및 괴뢰경찰대

위는 타이안 동남산에 우뚝 솟은 추라이산이 항일군 유격대의 근거지였다.[11] 지형상으로 토벌이 곤란하였기 때문에 양식의 보급로를 차단하여 이 지역에서 유격대를 일소하고자 하였다. 도(道)와 현의 괴뢰정부를 부추겨서 주위 십수 킬로미터에 걸쳐 막대한 경지를 약탈하였다. 게다가 부근 중국 농민으로부터 대대적인 자재, 노역을 강제사역으로 제공하도록 하였다. 차단 방호와 각 요소에 망루를 구축하여 이 지역 내에 출입을 금하고 위반하는 자는 처단한다고 위협하였다. 일본군 및 괴뢰경찰대를 배치하여 급기야 이 지구를 무주지대로 만드는 죄악을 범하였던 것입니다.

본 작전에서 나는 계획자 오리타 참모의 계획에 대해 전면적으로 동의하였을 뿐 아니라 평진선(封鎮線)에 대해서 재차 의견을 내었습니다. 이는 항일전의 근거지 박멸이라는 죄행이며, 나아가 그 목적 달성을 위하여 귀중한 중국 인민의 막대한 경지 및 자재를 약탈하였으며 게다가 막대한 노동력을 강제사역시키는 죄악을 범하였습니다.

---

11 추라이(徂徠)산은 1938년에 있었던 추라이산 항일무장기의(抗日武裝起義, 혹은 추라이산기의)로 유명하다. 항일전쟁 기간 동안 산둥성 타이안(泰安), 라이우(莱芜)시, 신타이(新泰), 쓰수이(泗水) 지구 인민들이 중국공산당 산둥성위원회의 직접 지도 아래 산둥성 타이안현 동남쪽 추라이산 지역에서 무장기의를 일으켰다. 일본군은 이러한 항일군 유격대 근거지를 섬멸하고자 하였으며 히로세 사부로는 이 작전에 참여했던 것으로 보인다.

7. 로중(魯中)[12]작전(1942년 10월 중순 약 10일간)에서의 죄행

참가 부대 주로 보병 제54여단, 우화원(吳化文)[13] 부대도 협력했었다고 기억하고 있습니다.

로중의 항일군 섬멸을 기도했던 것으로 나는 이 작전의 계획(참모장 입안)에 동의하였습니다. 또한 사단장 참모장은 이 작전의 시찰 지도를 위하여 보산과 보산 남쪽 지역에 전투사령부대를 진입시켰을 때 나는 예전과 같이 전속주관 관리부의 일부 위병대를 차출하여 사령부를 엄호하였으며, 지원과 경계를 통하여 사단장의 작전 지도 범죄를 용이하게 만드는 죄악을 범하였습니다.

8. 참모대리로서의 죄악

앞의 로중작전 때 사단장, 참모장이 모두 부재하는 동안에 우연히 오리타 참모가 골절로 인해 입원 중이었습니다. 때문에 [오리타 참모가] 부재하는 동안에 참모대리로서 마침 그때 린칭(臨淸)의 남쪽 지역에서 보병 제42대대가 항일군에 대한 토벌을 실시하고자 한다는 보고를 받았습니다. 인접 보병 제44대대에게 이에 대하여 협력책에 상응하는 토벌을 하라는 명령을 사단장의 명령으로 하달하였습니다. 전과는 미미하였다고 생각하고 있지만 명확하게 기억하고 있습니다. 이외에 당시 사단 예하 양 여단의 경비지역에서 가까운 분견대(보병 제43대대이었다고 생각합니다) 병력을 차기 작전을 위하여 각출하여 [이곳의 병력을] 감소시키는 일이 [군사상으로] 지장이 생길지 아닌지에 대한 조회가 있었으며 이에 대하여 당시의 정세상으로 판단하여 사단장의 이름에 지장이 없다는 내용으로 지지하였습니다.

9. 타이안비행장 구축에 관한 죄행

사단장은 로중작전 지도를 위하여 출발하는 한편 시급하게 타이안에 비행장(이착륙장)을

---

12 로중은 산둥성 중부에 대한 약칭이다. 지난(濟南), 쯔보(淄博), 타이안(泰安), 라이우(萊芜)와 빈저우(濱州), 쩌우핑(鄒平) 시(市)가 이에 해당되며, 산둥의 정치, 문화, 역사 중심 지역이다.

13 우화원(吳化文, 1904~1962)의 자는 샤오저우(紹周)이며, 산둥성 예(掖)현 출신이다. 1920년에 펑위샹(馮玉祥) 군대에 들어가는 것을 시작으로 장제스(蔣介石), 왕징웨이(汪精衛) 부대에서 복무하였다. 1948년 국민당군으로 지난(濟南)을 수비하던 중 8월 중국인민해방군에 의해 포위되자 9월 16일 2만 군대를 이끌고 전장 기의를 일으켜 지난 해방을 적극적으로 도왔다. 그 공로를 인정받아 중국인민해방군 제35군으로 개편되면서 우화원이 군장이 되었다. 중화인민공화국 성립 후 병으로 퇴역하여 저장(浙江)성 인민위위회 위원, 교통청장 등을 역임하였다.

구축해 두라는 명령을 내렸습니다. 때문에 지형을 정찰하여 타이안성 동남쪽의 경지를 확보하여 경리부로 하여금 괴뢰정부와 교섭하도록 하여 토지를 찬탈하였으며, 설계와 시공을 하도록 하였습니다. 그 결과 이 지역 부근의 중국 농민의 경지 24만 제곱미터(폭 200미터, 길이 1천 200미터)를 약탈하였습니다. 비행장 구축을 위해 이 지역 부근의 중국 농민 2만여 명(대략 인원)을 저렴한 노임으로 강제노역시키는 죄행을 저질렀습니다.

10. 노동(魯東)[14]작전(1942년 11월 약 2주간)에서의 죄행

본 작전은 제12군의 계획에 따라 노동 지역의 항일군을 격파할 목적으로 행하였습니다. 사단으로부터 사단장 및 보병 제53여단의 주력이 참가하였습니다. 출발하기 전 사령부에서 참모장이 군의 작전계획을 설명하였을 때 나는 사단장, 여단장과 함께 열석하여 전투 사령소 요원으로서 전속부관 일부의 관리부원과 위병에게 참가를 명하는 등 사단장의 작전 지도를 용이하게 하는 죄행을 범하였습니다.

본 작전의 전과는 군에서 발표한 내용에 따르면 상당히 컸다고 생각하고 있습니다만 구체적인 내용, 즉 숫자와 항목은 죄송하지만 기억하지 못합니다.

11. 새로운 부대 편성에 관한 죄행(1942년 11월 하순 착수하여 12월 초에 완결)

로중작전 중에 방면군으로부터 중국 남부 광둥(廣東) 부근으로 파견할 독립보병 대대의 편성을 위하여 사단에서 보병 3개 중대를 편성하여 12월 상순 상하이에 도착해야 한다는 지시가 있었습니다. 이로 인하여 참모를 대신하여 편성요령을 입안하였으며, 참모장의 일람을 거쳐서 전보로 사단장의 인가를 받아서 편성을 실시하여 완결하였습니다. 이에 따라서 중국 남부에서 침략 죄행을 더욱 조성하는 죄악을 범하였던 것입니다.

12. 직접 부대의 행동을 지도하는 죄행(1942년 12월 말)

1942년 말 당시 타이산 산계(山系) 안에서 분산행동을 하던 중 항일군이 연말에 진푸선

14 산둥성 동쪽에 대한 약칭.

(津浦線)[15]을 횡단하여 황허 이서로 이동을 기도하고 있다고 하는 정보가 있었습니다. 이에 따라서 사단은 보병 제45대대, 제109대대, 제111대대에게 각 관할지역 내의 진푸선의 경계를 강화하여 항일군의 이동을 저지해야 한다는 명령을 내렸습니다. 나는 사단장의 명령에 따라 12월 31일부터 다음 날 원단 새벽녘까지 장갑열차로 지난-타이안-다원허(大紋河) 사이에서 행동하면서 연선을 경비 중인 각 부대를 순시하며 지도하는 죄악을 범하였습니다. 항일군은 재빨리 우회하여 이동했다고 하는 사실은 후에 알게 되었습니다.

13. '콜레라'작전(1943년 7월 약 2주간)의 죄행

1943년 7월 상순 진푸선 이서와 황허 이서 지역에서 '콜레라'병이 발생하여 중국 민중과 사단 내부에서도 유행하여 전염되고 있었기 때문에 당시 사단에서 예정하고 있던 토벌을 중지하지 않을 수 없는 상황까지 이르렀습니다. 사단장은 '콜레라'병 유행지역 내에서 콜레라병 환자가 나오지 않으면서 토벌 행동을 수행할 수 있는가 없는가를 실험하기 위하여 한 부대를 '콜레라' 유행지역 내로 파견하여 약 2주간 행동 토벌을 행하였습니다.

지역은 둥창(東昌)현과 그 서남쪽 수개 현에 걸친 지역이었으며, 토벌 행동 사이에 전투는 야기하지 않았던 것으로 기억하고 있습니다. 여기에 참가했던 것은 보병 제111대대였으며, 사단 방역 급수반의 일부도 참가하였습니다.

이 작전에서 나는 콜레라병의 위험성을 생각하여 사단 내에서 비교적 군기가 바로잡혀 있는 보병 제111대대가 적당하다는 뜻의 의견을 제시하였습니다. 또한 행동 기간에 대해서는 원안에 동의하였으며 또한 이 부대가 지난에서 출발한다고 하여 나는 지난으로 출발하여 부대를 격려하였습니다.

나는 본 작전에서 그 계획 기안에 참여하였으며 나아가 전염병이 유행하였기 때문에 단지 그 위험성을 염려하였습니다. 중국 민중에게는 나아가 그 유행지역에 일본군이 행동하여 더욱 불안감을 조장하는 죄악을 범하였던 것입니다.

15 와타나베 마사오 주8) 참조. 와타나베 마사오(107권)는 진푸철로선(津浦鐵路線)이라고 적고 있다.

14. 신부대 편성에 관한 죄행

1943년 9월 새로이 산시성 내에 설치해야 할 독립여단 1개 대대를 편성하라고 하는 방면군의 지시가 있었습니다. 이에 근거하여 참모를 대신하여 대대 편성요령을 계획하고 입안하였으며 사단 내 각 대대로부터 일부를 각출하였습니다. 나아가 산둥성 현지 주거 일본인 소집자를 배당하고 배분하여 편성하여 완결하였으며 방면군에게 보냈습니다. 이것은 산시성에서 일본군의 침략 죄행을 더욱 조장하고 확대하는 죄악을 범하였던 것입니다.

15. (*정진[挺進]의 진[進] 정정, 중국 애국 전사[戰士]의 사[士] 정정) 대보하이(渤海)지역작전(1943년 10월 하순부터 11월 중순에 걸쳐 약 2주간)에서의 죄행

보하이(渤海) 군구의 섬멸을 목적으로 행하였으며 사전에 베이징, 지난, 칭다오에 설치되어 있던 전파탐지기로 항일군의 행동 궤적을 2, 3개월에 걸쳐서 조사하였습니다. 최신 정보에 근거하여 공격지점을 결정하여 급습하는 전법을 취하였습니다. 이 작전에는 주로 보병 제53여단이 참가하였으며 보병 제54여단의 일부와 군수품부대가 함께 하였으며, 상당히 많은 괴뢰경찰대도 참가하였습니다. 게다가 일본군의 편의공작대(便衣隊, 약 60여 명, 데이신기리코미[挺進斬込]대라고 칭하였음)[16]를 사용하였습니다. 전과는 죄송하지만 기억하지 못합니다만 상당히 컸던 것으로 생각합니다.

이 작전의 계획 기안에 참가하였으며, 나는 데이신기리코미대의 사용에 있어서 서로 저격하는 것을 피하기 위하여 이 데이신대(挺進隊) 사용을 일반에 대해서는 비밀로 할 필요가 있다고 보았습니다. 따라서 사용 방면과 장소는 일본군 사이에서 극력 감추어야 하는 것이 적당하다고 하는 취지의 의견을 진술하였습니다. 게다가 데이신대가 명령을 받은 목표를 급습한 후 명령받은 집결지에 집결하였을 때 그 행동을 엄폐하기 위하여 맞닥뜨리는 일반 중국

16 편의대는 중일전쟁 시 중국에서 평복을 입고 적지로 잠입하여 각종 선전과 암살, 파괴, 습격 등을 행한 중국인 특수부대를 말한다. 1933년 7월 국민당군이 악예완(鄂豫皖=후베이, 허난, 안후이) 근거지에 대한 제5차 '위소(围剿)'작전으로 대대적인 공격을 행하였다. 이에 대응하여 세력을 보존하기 위하여 중국공산당 홍안(红安)현과 셴쥐구위(仙居区委)에서 처음으로 등장하였다. 히로세 사부로가 말하는 편의대는 아마도 일본의 데이신기리코미대가 적지로 잠입하여 적을 교란시키는 역할을 하는 부대라는 의미의 유사성에서 명명한 것 같다. 일본의 데이신기리코미대는 '데이신기리코미대 편성훈련에 관한 지시(訓練 二 挺身斬込隊の編成訓練に関する指示)'에 따라서 데이신반을 "2인 혹은 3인(때론 5인 내외)을 한 조로" 편성하여 "용감한 일부 장병으로 야간 적중에 잠입하여" 적을 교란하는 업무를 수행했던 부대를 말한다. 여기서 데이신은 몸을 바친다는 의미이며 데이신기리코미대(挺身斬込隊) 이외에 여자정신대(女子挺身隊) 등에도 사용되었다.

인민을 살해하는 것도 어쩔 수 없다고 승인하였습니다.

이 작전에서 위와 같이 작전계획을 기안하여 참가하였으며 편의공작대를 사용하는 죄행을 범하였던 것입니다. 많은 중국 애국 전사를 살상하였으며 약탈, 방화하였을 뿐 아니라 나아가 그 죄악을 엄폐하고자 죄 없는 중국 인민들을 살해하는 대죄악을 범하였습니다. 이외에 부관으로서 전투사령소를 위하여 전속 부관 관리부에서 위병을 차출하여 사단장으로서 이 중대한 죄악을 수행하도록 지도를 용이하게 하는 죄를 더욱 더했던 것입니다.

16. (*점검[點檢]의 검[檢]자 정정) 중국인 포로에 대한 죄행

1944년 2월 하순 군 명령에 의해 사단 사령부는 지난으로 이주하여 4월 상순 군의 허난(河南)작전을 위하여 출동하였습니다. 후에 종래 군에서 관리하고 있던 포로수용소(별칭 신화원[新華園])를 사단이 실질적으로 관리하는 것으로 되었습니다. 관리주임인 사람이 후방 참모 경험이 부족한 것을 보충하기 위하여 나로서는 적극적으로 이를 원조하여야 함에도 불구하고 이를 게을리하였습니다. 당시의 포로에 대한 열악한 대우, 급양의 개선, 감독 등을 보좌하지 않았기 때문에 중국인 포로의 영양 저하에 따라 환자 및 사망자가 다발하였는데도 방치하여 돌보지 않은 죄악을 범하였습니다. 결손 인원은 참모부 후방에서 매월 월보에 조사하여 기재하고 있었음에도 불구하고 충분히 점검하는 일조차 게을리하는 죄악을 범하였던 것입니다.

게다가 포로 중에 당시 일본에서의 노동력 부족을 보충하기 위하여 노역자로 송치하는 죄악의 한 부분을 범하였습니다. 즉 나의 기억으로는 2회(매회 약 300명) 합계 약 600명을 일본으로 송치하는 서류(후방 참모 작성)를 일람하여 참모장 직인을 날인하여 발송하였습니다. 당시 나는 일본에 전원 보내졌을 것이라고 생각하고 있었습니다.

17. 지난에서 일부 후방시설 감독 당시의 죄행

㉠ 1944년 4월 상순 제12군의 허난작전 출동 후 군 부관으로부터 지난에서 군 후방시설 중 군인회관, 호시클럽(星俱樂部), 요정 사쿠라(櫻), 카이코샤(偕行社)[17] 요리부, 군 주보(酒保)의 감독업무를 계승하였습니다.

---

17 21쪽 각주12 참조.

호시클럽은 일본군 장병 전용의 중국인 기관(妓館)이었습니다. 경영은 지난 중국기관조합장(中國妓館組合長)에게 위탁하였으며 건물은 일본군이 지난 점령 시 중국인으로부터 압수하여 약탈한 것을 이용하였습니다. 내부를 개조하여 사용하였으며 종업원의 식량 일용품 등은 일본군 주보로부터 염가로 공급하였으며 또한 의료(醫療)는 일본군이 부담한다고 하는 명목 아래 기만적으로 염가로 일본군 장병이 방탕하게 즐길 수 있도록 도구를 제공하였던 것입니다. 기녀는 약 30명이었으며, 기녀 1인당 하루 평균 약 30명, 많은 날은 30명의 일본군 장병을 상대하지 않으면 안 되었습니다. 연령은 17세부터 20세, 젊은 중국 여성의 대부분은 침략자의 육욕의 대상이 되었습니다. 또한 과로로 인한 질병과 쇠약이 생겨나게 하는 등의 대죄를 범하였습니다. 병이 들면 경영자인 조합장이 자기 조합기관의 기녀(妓女)로 교체하였습니다. 그 숫자는 알지 못합니다.

㉡ 군인회관은 일본군 장병(주로 하사관병)을 위하여 영화 관람, 식사, 음주, 이발, 입욕, 오락, 일용품, 감미품(甘味品) 등의 구입에 편의를 주기 위하여 설치한 것입니다. 종업원은 일본인 12(3)0명(그중 약 반수는 여성), 중국인 약 60명이었습니다. 중국 종업원에 대한 대우는 일본 종업원에 비하여 주거와 임금 모두 지극히 저열하였습니다. 중국인을 경시하여 차별적 취급을 하는 등의 죄악을 저질렀습니다.

㉢ 일본군의 허난작전 진척에 따라서 1944년 6월경 제12군으로부터 기녀를 전선으로 보낸다는 취지의 의뢰 요구가 있었습니다. 일본인요리조합은 당시 일본인 기녀가 현저하게 감소하여 이 요구에 응하기 어렵다는 회답을 그저께 보내왔었기 때문에 지난의 조선인요리조합에 파견을 의뢰하였습니다. 훗날 기녀를 보충하는 데에 따르는 편의를 제공한다고 하는 조건으로 승낙을 받아서 조선인 기녀 약 30명을 위험 많은 제1선에 가까운 정저우(鄭州)로 파견(약 3개월)하는 죄악을 범하였습니다. 요행스럽게도 이사이 기녀의 손해는 한 명도 없었습니다.

18. (*죄악[罪惡]의 죄[罪] 정정) 밀수매지원작전(1944년 7월 중, 약 2주간)에서의 죄악

방면군의 지시에 따라서 둥핑(東平), 둥원(東問), 둥창(東昌), 양구(陽穀) 등 수개 현에 걸쳐서 지방 괴뢰행정기관에 의한 행정적 밀 수매를 무력적 배경 아래 지원하여 중국 인민의 귀중한 식량인 밀 만 톤 이상을 약탈하는 죄악을 범하였습니다.

본 작전에 따라서 그 계획 기안에 참가하여 참가 부대에 대한 의견을 제기하고 실시하기에 이르러 사단장을 수행하여 집적 상황을 시찰하는 죄행을 범하였습니다.

참가 부대는 보병 제42대대, 제45대대, 제109대대 및 군수품 부대였다고 생각합니다.

19. (*두예[頭曳]의 두[頭] 정정) 부대의 침략 죄행을 상찬한 죄악

1944년 7월 사단장은 보병 제44대대(대장 히로세 도시요시[廣瀨利善])가 전년 동 기간부터 일 년 동안 병기 만정(양포[洋砲] 포함)을 약탈하는 죄행을 칭찬하여 이에 상찬하는 언사를 내려서 범죄를 더욱 고무하였습니다. 이때 나는 명령에 의해 상찬하는 언사를 기안하는 죄악을 범하였습니다.

20. 포병대 편성에 관한 죄행

1944년 8월 방면군의 지시에 근거하여 사단은 자체 내의 인원과 마필을 융통하였으며 방면군으로부터 교부받은 병기와 자재로 1개 포병대(중포병 중대 [10류{榴} 2문{門}]), 1개 야포병 중대(야포 4문)를 편성하였습니다. 나는 참모를 대리하여 이 편성 계획을 입안 제작하였으며 방면군의 지시는 각 포의 선두를 끌도록 하는 것이었습니다. 나는 전투 능력 발휘를 위해 사단 내 마필을 피차 융통하여 6두로 끄는 것은 가능하다고 보아 가능하다는 취지의 의견을 올렸습니다. 인가를 받아 유력한 포병대를 편성하여 다음 해에 침략 행동을 더욱 대대적으로 할 수 있는 죄악을 범하였습니다.

21. 임해(濱海)지구작전(1944년 11월 약 2주간)에서의 죄행

본 작전에는 전투사령부 요원으로서 부하의 전속 부관 및 관리부, 위병의 각 하나의 부서를 파견하여 사단장 이하 작전 지도를 용이하게 하는 죄악을 범하였습니다. 이 작전에는 칭다오 해군 근거지 부대의 일부도 협력하여 커다란 전과를 거두었습니다. 그 수량과 항목은 기억하지 못합니다.

22. 면화수매지원작전(1945년 2월 약 2주간)에 있어서 죄행

본 작전 개시에 앞서 참모장으로부터 의견을 구하는 일이 있어서 나는 행정수매에 반대

하였으며 미쓰이(三井)물산[18] 등의 상사로부터 수매하는 것이 적당하다고 하는 취지의 주장을 하였습니다. 참모장도 동의하였지만 상급에서 받아들이지 않게 되었습니다.

참가 부대 주로 보병 제43대대, 제44대대 및 군수품 보급대.

부당한 가격으로 수만 톤 이상의 면화를 수탈하여 중국 인민에게 막대한 손해를 입히는 죄악의 한 부분을 범하였던 것입니다.

23. (*같이의 여[如]자 정정, 고무하였으며의 '하여' 첨자) 이상과 같이 3년간에 걸쳐 사단의 부관으로 재임하는 동안에 부관으로서 그 업무인 인사, 은상, 공적, 서무, 관리, 기밀도서 취급 등을 하였습니다. 또한 관리부장으로서 사령부의 급양, 경계 등을 통하여 또는 사단의 침략 작전을 통하여 각종 죄악을 범하였습니다. 또한 장병의 범죄를 고무하였으며 기만하고 더욱 범죄를 조장하였습니다. 또한 약탈품의 일부를 군인회관에 무상으로 교부하였습니다. 이 회관으로서 입수 곤란했던 제과 원료를 수탈하기 위하여 비공식 담보품으로 삼았습니다. 또한 비밀서류의 보관과 방첩을 엄중하게 하기 위하여 군의 침략 범죄를 엄폐하였습니다. 뿐만 아니라 또한 사단 참모의 일부 업무를 대행하였기 때문에 편성을 계획하고 실시하였습니다. 사단의 작전에는 많은 경우 계획과 기안에 참획하여 침략에 의하여 다수의 중국 애국 전사 및 선량한 중국 인민을 살상하였으며 또한 중국 인민의 재산을 소각하고 약탈하여 막대한 손해를 입혔습니다. 또한 노역을 강제하였으며 괴뢰군, 괴뢰경찰대를 기만하여 중국 인민으로 하여금 중국 인민을 토벌하게 하는 등의 엄중한 죄악을 범하였습니다.

또한 타이안 주둔시 군사령부 분들이 군과 총사령부의 환송 등의 시기에 타이안을 방문할 때 그분들의 신변을 경계선다는 명목으로 수차례 교통 통제를 행하였으며 중국 인민의 일체 생활에 많은 불편과 압박을 끼치는 죄행을 범하였습니다.

---

18 일본 최초의 종합상사로, 이노우에 가오루(井上馨) 등이 1874년 설립한 선수회사(先収会社)를 이어받아 1876년에 설립되었다. 일본 기업의 해외 진출은 미쓰이물산에서 시작되었으며, 일본의 외교관이 "공관(대사관·영사관)이 없으면 물산이 있다"고 할 정도였다. 세계 곳곳의 변경 지역까지 진출하였다. 1947년 재벌 해체에 따라 GHQ로부터 해산 명령을 받고 제일물산(第一物産) 등으로 나뉘어졌다.

(七) (*육[六]을 칠[七]로 정정) **제3군 부관시대(중좌)의 죄행**(1945년 3월 하순~ 1945년 8월 15일)

1945년 8월 15일 일본의 전면 항복 당시 나는 비밀리에 보관하고 있던 기밀 도서의 소각을 명령하였습니다. 제국주의 죄악의 증거를 태워버리는 죄행을 범하였습니다. 소련군의 진입이 빨랐기 때문에 전부 소각하는 일은 불가능하였습니다.

(八) **포로로 잡혀 있으면서의 죄행**(1948년 7월 하순 이후)

1948년 7월 하순 러시아의 장교포로수용소에서 '하바롭스크'수용소(제14분소)로 옮겨졌을 당시 나는 극단적인 반소, 반공사상을 지니고 있었습니다.[19] 당초에는 희망하여 노동에 종사하였습니다만 이사이 일본인 포로 사이에 전개되고 있던 반군투쟁 및 민주운동에 반감을 품게 되었습니다. 동년 10월 질병으로 입원하여 12월 퇴원한 후에는 노동을 거부하였으며 잘못된 국제법 견해를 가지고 장교 포로의 권리를 주장하여 기회가 있을 때마다 소련의 대우에 불만을 논하였으며 비교적 지체된 사상의 소유자로서 동요하였습니다. 또한 1949년 1월 이후 같은 해 11월 말 혹은 1월 초 콤소몰스크 지역으로부터 이동해온 쿠사치(草地) 대좌 이하 50여 명의 반동 장교 집단에 합류하여 여전히 노동을 거부하고 집단적 세력으로 수용소 내의 민주운동의 진전을 방해하는 등 반동세력을 키우는 죄행을 범하였습니다.

1949년 12월 이후 고립에 빠져서도 여전히 태도를 바꾸지 않고 반동적 자세를 고집한 결과 그사이 다카하시 아야(高橋綾)에게 영향을 주어 어떠한 노동도 거부하기에 이르는 죄행을 범하였습니다.

1950년 5월 하순 블라디보스토크(浦潮)로부터 이동해 온 일본인 포로 중에 제59사단에 속하는 장교 중 일부인 난바(難波), 오카무라(岡村), 에비하라(海老原), 야자키(矢崎) 등 4명이 나와 대체로 같은 사상이라는 것을 알게 되었습니다. 이를 드문 기회로 보아 작은 집단을 만

---

19 1945년 8월 9일 소련은 일본에 대하여 선전포고하며 소련과 만주 국경에 주둔하고 있던 소련 극동군에게 명령하여 만주국과 한반도 북부에서 군사작전을 개시하였다. 이러한 군사작전은 소련과 미국, 영국과의 얄타회담에 근거한 것이었다. 일본이 포츠담선언을 수락한 후 8월 16일 대본영으로부터 정전 명령이 내려지고 관동군 총사령부는 정전과 항복을 결정했다. 8월 19일 정전 교섭에 들어가 8월 26일경에는 소련군과의 모든 전투가 끝났다. 스탈린은 8월 23일 '국가방위위원회 결정(國家防衛委員会決 No.9898)에 근거하여 일본군 포로 50만 명을 소련 내 포로수용소로 이송하였다. 이들은 우즈베키스탄, 블라디보스토크, 하바롭스크 등의 수용소로 보내져 강제노동에 종사당한 것으로 알려져 있다.

들어 지도적 지위를 이용하여 이들 젊은 장교들과 반소반공사상을 상호 교류하였습니다. 잘못된 이론으로 원로정치 특히 미국의 물질적 위력을 과대평가하고 급기야 소련의 실력을 과소평가하여 이를 논하며 기만하였으며 이 4명을 통하여 반소반공사상의 전파를 위하여 노력하였으며 수용소 내의 민주운동에 방해를 입히는 죄악을 범하였습니다.

게다가 중국으로 옮겨온 후에도 1951년 3월경까지 난바에 대하여 하얼빈관리소[20]에서의 식사 분배와 같은 것을 이용하여 자작으로 반동적 사상을 내용으로 하는 소설, 자서전을 [써서] 교환하였습니다. 또한 귀국 후에 연락, 반동적 구장교집단 가입 등을 하였으며 그에 대한 기만적 공작을 벌이는 죄악을 범하였습니다.

이상 일본 패전 전 수차례에 걸쳐서 중국 영토 내에 주둔하여 수많은 중대 범죄를 범하였으며 나아가 패전 후 포로로 소련 및 중국에 있는 동안 여전히 제국주의적 반동사상을 지니고 반소반공과 원수를 갚겠다는 주의를 지니고 그 밖에 많은 영향을 미치는 등 죄에 죄를 더하는 엄중한 죄악을 범하였습니다. 이에 이러한 자신의 범죄를 분명히 인식하여 마음으로부터 중국 정부 및 중국 인민 앞에 머리 숙여 진사(陳謝)하며 처단을 바라는 바입니다.

이들 죄악은 어린 시절부터 오랜 시간에 걸쳐서 받은 제국주의적 교육과 자신의 완고하고 어리석은 성격이 초래한 결과라는 것을 자각할 수 있게 되었습니다. 그리고 잘못된 사상을 개조하지 않으면 세계 평화도 민족의 독립 자유도 민족 상호 간의 우의도 없다는 것을 인식하였습니다. 한 걸음이라도 두 걸음이라도 인민으로 향하는 길로 나아가는 것이야말로 진정으로 죄를 인정하고 사죄하는 것이며 또한 자신을 용서하는 유일한 길이라는 것을 자각하여 중국 정부와 중국 인민을 마음으로부터 신뢰하여 무수한 자기개조로 매진하고자 하는 결의를 하고 있습니다.

1954년 8월 14일 푸순시에서 히로세 사부로

---

20 푸순 전범관리소에 수용되었던 것은 1950년 7월 하순경으로 한국전쟁이 시작된 직후였다. 미군의 맹공으로 중국과 북한 국경에서 멀지 않은 푸순 전범관리소가 위험할 수 있다는 판단 아래 10월 하순에 전원을 북쪽의 하얼빈에 있는 감옥으로 이동시켰다. 수다와 장기, 마작 등으로 소일하고 있었지만 구류에 대한 불만이 적지 않았다.

찾아보기

ㄹ

ㅁ

ㅂ

ㅅ

ㅇ

일제침탈사 자료총서 93

전쟁범죄 · 일본군'위안부' 피해실태 자료집

중국 침략 일본전범 자필진술서(2)

초판 1쇄 인쇄 2021년 10월 15일
초판 1쇄 발행 2021년 10월 30일

엮은이 동북아역사재단
펴낸이 이영호
발행처 동북아역사재단

등록 제312-2004-050호(2004년 10월 18일)
주소 03739 서울시 서대문구 통일로 81 NH농협생명빌딩
전화 02-2012-6065
팩스 02-2012-6189
홈페이지 www.nahf.or.kr
표지디자인 역사공간
제작·인쇄 역사공간

ISBN 978-89-6187-658-2 94910
978-89-6187-657-5 (세트)

• 이 책은 저작권법에 의해 보호를 받는 저작물이므로 어떤 형태나 어떤 방법으로도 무단전재와 무단복제를 금합니다.
• 책값은 뒤표지에 있습니다. 잘못된 책은 바꾸어 드립니다.